dtv

Hannelore Kohls Freitod im Juli 2001 hat in der deutschen Öffentlichkeit große Betroffenheit ausgelöst und zu der Frage nach ihrer Persönlichkeit jenseits des Klischees von der »Frau an seiner Seite« geführt. Patricia Clough hat gegen den massiven Widerstand der Familie Kohl recherchiert, mit Nachbarn, Freunden und Bekannten gesprochen und für diese Taschenbuchausgabe neue Aussagen und Dokumente ausgewertet. Sie zeichnet einfühlsam, aber auch kritisch das Leben von Hannelore Kohl zwischen Anpassung und Eigenständigkeit, Öffentlichkeit und Privatheit nach. Sie zeigt, daß es neben der überzeugten und hingebungsvollen Kanzlergattin auch eine selbstbewußte, witzige, bisweilen ironische Hannelore Kohl mit überraschender Standhaftigkeit, ausgeprägtem Organisationstalent und beharrlichem Widerspruchsgeist gab.

Patricia Clough war viele Jahre Korrespondentin in Deutschland für große englische Zeitungen wie die ›Times‹ oder den ›Independent‹ und hat zahlreiche Artikel zur deutschen Innen- und Außenpolitik veröffentlicht. Heute lebt sie in Rom. Sie ist Verfasserin der Biographie ›Helmut Kohl. Ein Porträt der Macht‹ (1998; dtv 24122).

Patricia Clough

Hannelore Kohl

Zwei Leben

Aus dem Englischen
von Peter Torberg

Deutscher Taschenbuch Verlag

Von Patricia Clough ist außerdem im
Deutschen Taschenbuch Verlag erschienen:

Helmut Kohl. Ein Porträt der Macht (dtv 24122)
English Cooking (dtv 36218)

Ergänzte Ausgabe
Mai 2003
Deutscher Taschenbuch Verlag GmbH & Co. KG,
München
www.dtv.de

Umschlagkonzept: Balk & Brumshagen
Umschlagfoto: © Christian Irrgang, Stern
Satz: DVA Stuttgart
Gesetzt aus der Bembo
Druck und Bindung: Druckerei C.H. Beck, Nördlingen
Gedruckt auf säurefreiem, chlorfrei gebleichtem Papier
Printed in Germany · ISBN 3-423-34003-7

Für die Frauen ihrer Generation

Vorwort

Dr. Helmut Kohl ist gegen dieses Buch. Zweimal wurde mir auf meinen Gesprächswunsch hin beschieden, daß er und seine Familie nicht an einer Zusammenarbeit mit mir interessiert seien. Zudem würden sie selbst ein Buch über Frau Kohl planen, und alle Freunde und Mitarbeiter seien angewiesen worden, nur mit dem Verfasser jenes Buches zu sprechen.

Daß die Kohls nicht gewillt sind, über ein nahestehendes und geliebtes, erst kürzlich verschiedenes Mitglied der Familie zu sprechen, könnte man ja gut verstehen. Ich hege tiefstes Mitgefühl für ihren tragischen Verlust. Daß Dr. Kohl sich darum bemüht, einer unabhängigen Autorin den Zugang zu anderen Informationsquellen über seine Frau zu verweigern – die ja zudem eine Person von öffentlichem Interesse war und in seiner wichtigsten politischen Zeit eine bedeutende Rolle spielte –, ist eines Mannes unwürdig, der sich selbst Historiker nennt. Die Gründe dafür werden im letzten Kapitel behandelt.

Ich bin daher all denjenigen, die dennoch mit mir gesprochen haben, gleich, ob in aller Offenheit oder unter dem Siegel der Verschwiegenheit, um so dankbarer. Mein besonderer Dank gebührt Jürgen Horbach und Michael Neher von der DVA und Petra Eggers, meiner Agentin, für ihre unerschöpfliche Unterstützung und Ermutigung bei diesem Unterfangen.

Vorwort zur Taschenbuchausgabe

Als ich im Januar 2002 die letzten Manuskriptseiten für dieses Buch an den Verlag schickte, ging ich selbstverständlich davon aus, daß ich damit meine Aufgabe erfüllt hatte und wandte mich meinem nächsten Projekt zu. Aber zu meiner Überraschung erhielt ich in den folgenden Monaten neue Informationen. Eine enge Freundin von Hannelore Kohl, nach der ich während der Recherchen vergebens gesucht hatte, wandte sich nach dem Erscheinen des Buches spontan an mich und gab mir einige neue Einblicke. Eine Suchanfrage beim Bundesarchiv, die ich viele Monate zuvor gestellt und inzwischen fast vergessen hatte, zeitigte nun doch noch Ergebnisse, insbesondere hinsichtlich der möglichen Kriegsaktivitäten von Hannelore Kohls Vater. Ich habe diese neuen Informationen in dieser Taschenbuchausgabe ergänzt.

PROLOG

Sie und wir

Am 5. Juli 2001 erschütterte eine Meldung die Nation. Sie wurde per Radio und Fernsehen in Millionen von Wohnzimmern, Arbeitsstätten, Gaststätten und Taxis übertragen. Sie verbreitete sich in Windeseile von Mund zu Mund, per Telefon, im Internet. Alle, die davon hörten, waren wie vor den Kopf geschlagen, schockiert, zutiefst bestürzt: »Nicht zu fassen!« »Unglaublich!« »Entsetzlich!«

Die Person, deren Freitod diesen Schock auslöste, war mit einem Mann verheiratet, der das Land sechzehn Jahre lang regiert hatte. Sie war fester Bestandteil seines öffentlichen Bildes gewesen. Indirekt hatte sie Anteil an der Entwicklung des Stils und der Stimmung einer ganzen Ära, denn sie repräsentierte die sichere, beruhigend heile Welt der Familie und die soliden traditionellen Werte ihres Mannes – eine Welt, in der alles in Ordnung war und nichts in Frage gestellt werden mußte. Stets makellos gekleidet, immer lächelnd und nie um ein rechtes Wort am rechten Ort verlegen, füllte sie die Rolle als »Frau an seiner Seite« perfekt aus. Stets war sie die charmante, bescheidene Randfigur auf der politischen Bühne. Sie gehörte zur Hintergrundkulisse im Leben der Nation.

Plötzlich und unerwartet hatte sich Hannelore Kohl in der Dunkelheit und Stille der vorangegangenen Nacht das Leben genommen.

Mit dieser Verzweiflungstat war sie von den Bildschirmen und Magazinseiten gleichsam direkt in die Herzen von Millionen von Menschen gesprungen. Die Trauer über ihren Tod war echt, auch wenn Hannelore Kohl im Leben dieser Menschen meist nur eine kleine Rolle gespielt hatte. Wie schon beim dramatischen Ableben der Prinzessin Diana 1997 waren auch diesmal viele Menschen erstaunt darüber, wie nahe ihnen dieser Tod ging. »Ich habe mich nie sehr um sie gekümmert, und ich habe mich auch nicht sonderlich für sie interessiert«, meinte eine zweiundsechzigjährige Frau in Frankfurt, »aber ihr Tod erschüttert mich, als sei sie eine Freundin gewesen.« Doch woher kommt dieser Eindruck?

Jahr für Jahr nehmen sich etwa elftausend Deutsche das Leben, jeder einzelne Fall ist ein persönliches Drama, das normalerweise nur einen kleinen Kreis von Freunden und Verwandten berührt. Das schreckliche persönliche Schicksal Hannelore Kohls jedoch wurde zur nationalen Tragödie. Mit unfehlbarem Instinkt für die Themen, die die Öffentlichkeit bewegen, machten sich die Herausgeber der Publikumszeitschriften sofort an die Arbeit, Erscheinungstermine von Magazinen wurden vorgezogen, Auflagen beträchtlich erhöht, Legionen von Journalisten, Fotografen und Kameraleuten darauf angesetzt, jeden nur denkbaren Aspekt ihres Lebens auszuleuchten. Personen, die sie kannten, wurden um Artikel und Kommentare gebeten. Fotografien und Nachrufe füllten Seite um Seite. Selbst die seriösen Tageszeitungen brachten die Meldung von ihrem Tod auf der Titelseite. Fernsehsender widmeten Stunden ihrer Sendezeit der Aufgabe, ihr Leben in Bild und Ton darzustellen. So mancher politische Journalist bedauerte nun, sich nicht stärker darum bemüht zu haben, sie näher kennenzulernen.

Die landesweite Betroffenheit erreichte ihren Höhepunkt

bei den beinahe als Staatbegräbnis zu bezeichnenden Feierlichkeiten unter den in den Himmel ragenden Sandsteinsäulen des Doms zu Speyer, der letzten Ruhestätte deutscher Kaiser und Könige. Führende Persönlichkeiten des politischen und öffentlichen Lebens des Landes waren anwesend, es wurde Verdis Requiem gespielt, das Fernsehen war dabei, und Tausende Schaulustiger harrten auf dem Domplatz aus. Kaum vorstellbar, daß jemandem, der kein hohes Amt innehatte, ein solcher Abschied zuteil wird – vor allem nicht einer Frau, deren öffentliche Bedeutung sich darauf beschränkt hatte, ihr Leben ganz dem Mann zu widmen, mit dem sie verheiratet war.

Aber warum war die Öffentlichkeit derart getroffen? Hannelore Kohl war zwar eine attraktive Person, aber keine Königin gewesen. Der Tod hatte sie nicht aus der Blüte ihrer Jahre gerissen. Sie war achtundsechzig, ein Alter, in dem ein natürlicher Tod zwar als sehr traurig, aber nicht ungewöhnlich angesehen worden wäre. Trotz der langen Amtszeit ihres Gatten, die ihn zu einer Art Patriarch hatte werden lassen, war Hannelore Kohl, anders als Königin Luise von Preußen oder Evita Peron, nicht zur Landesmutter geworden. Sie verkörperte die klassische Politikergattin, eine, die von der Öffentlichkeit umstellt ist, es aber dennoch schafft, ihre persönliche Meinung und ihr Privatleben für sich zu behalten. Trotz Hunderter Interviews, Tausender Fotos und ungezählter öffentlicher Auftritte, die sie in ihrem Leben absolvierte, standen ihr nur sehr wenige Menschen wirklich nahe. »Eine Frau ist gestorben, die wir nicht kannten«, schrieb Elisabeth von Thadden in der »Zeit«. Und doch trauerten Millionen um sie.

Als sich der erste Schock gelegt hatte, tauchte unausweichlich die Frage auf, warum sie das getan hatte. Die Menschen mußten nach einem Sinn der Tat suchen, um mit ihrer Bestürzung zurechtzukommen. Diejenigen, die keinen Sinn darin fanden, legten sich selbst etwas zurecht. Vielen erschien die vollkommen plausible Erklärung, die das Büro von Dr. Helmut Kohl herausgab – die »Hoffnungslosigkeit ihrer gesundheitlichen Lage« habe Hannelore Kohl dazu getrieben –, irgendwie unbefriedigend. Sie wollten nicht glauben, daß Depression oder Verzweiflung über ihren gesundheitlichen Zustand der einzige Grund gewesen sein sollte. Die Skepsis mag auch durch jene Ärzte Nahrung erhalten haben, die ohne Kenntnis des Falles in der Presse erklärten, die Lichtallergie, unter der Hannelore Kohl gelitten habe, sei relativ weit verbreitet, man könne sie gut behandeln und sie führe nicht zum Tode. Also, so das Argument, mußte es noch einen anderen Grund geben. Man suchte nach einem Sündenbock. Wer oder was war schuld an ihrem Tod?

»Jeder sah darin, was er oder sie sehen wollte«, meint die berühmte Psychoanalytikerin Dr. Margarete Mitscherlich. Und sofort tat sich wieder die Kluft auf, die das Land spaltet, wenn es um Helmut Kohl geht. Diese Kluft scheint weniger politisch erklärbar denn irrational zu sein. Auf der einen Seite gibt es diejenigen, die sich angesichts seiner Stärke, seiner Bodenständigkeit und Volksnähe sicher fühlen und denen seine gemütliche, unangestrengte Welt vertraut ist. Auf der anderen Seite finden sich jene, die seine Selbstgefälligkeit, seinen Provinzialismus, seine Selbstgerechtigkeit und seine in späteren Jahren immer stärker werdende Arroganz verabscheuen. Das öffentliche Erscheinungsbild von Hannelore Kohl war eng mit dem ihres Mannes verbunden, und das Mitgefühl, das ihm angesichts ihres Todes entgegenströmte, war ganz von diesen widerstreitenden Wahrnehmungen abhängig.

Die erste Reaktion vieler Menschen war: »Sie war so allein!« Daraus resultierte die Frage: »Warum hat er sie so allein gelassen?« Von dort war es für Kohls Gegner nur ein kurzer Schritt, ihn der Selbstsucht zu zeihen, seine Zeit in Berlin verbracht zu haben, während sie allein zu Haus im Dunkeln litt. Der »Stern«, stets einer der größten Widersacher Helmut Kohls, ging gar so weit anzudeuten, daß er für die Verzweiflungstat möglicherweise indirekt verantwortlich zu machen sei. Mitgefühl mit Hannelore Kohl entfachte so weitere Angriffe auf ihn.

Die andere Seite beschuldigte die Medien, eine unverantwortliche Hetzjagd auf Helmut Kohl ausgerufen zu haben, und zwar wegen der Spendenaffäre, die sie als relativ geringes Verschulden einstufte, das zudem bereits wiedergutgemacht worden war. »Ihr solltet mal darüber nachdenken, wie hoch Euer Verschulden an Hannelore Kohls Depressionen war«, schrieb ein wütender Leser an den »Stern«. Monsignore Erich Ramstetter, ein Freund der Familie, meinte: »Es war eine psychosomatische Erkrankung, eine Krankheit der Seele ... Ihre Seele krankte am Spendenskandal bis hin zu persönlichen, ehrverletzenden Angriffen.«

Am stärksten in Verdacht geriet jedoch ihre traditionelle Rolle im Dienste ihres Mannes und der Familie – und die schärfsten Kritiker waren Frauen. Vor fünfzig Jahren hätten die Reaktionen anders gelautet: Sie hatte einen berühmten Mann, zwei prächtige Söhne, ein ansehnliches Heim, ein respektables Einkommen, jede Menge eleganter Kleider – was, so hätten die Menschen gefragt, könnte sich eine Frau mehr wünschen? Nur wenige hätten sich vorstellen können, daß all dies bei einem Selbstmord eine Rolle spielen sollte. Nicht so im Jahre 2001. Bei den modernen, emanzipierten Frauen, den jüngeren und jenen, die lange darum gekämpft hatten, sich vom patriarchalischen System zu befreien, förderte ihr Tod all jene Ressentiments und Aggressionen gegenüber jenem System zutage, als dessen oberstes Symbol ihr Gatte angesehen wurde. »Sie hat es getan, um ihn zu strafen«, meinte eine Kollegin mit dem Brustton der Überzeugung. »Sie hat sich gerächt«, meinte eine andere ebenso überzeugt. »Ihr einsamer, stiller Tod war der lauteste Schrei ihres Lebens«, schrieb Alice Schwarzer, die führende Feministin des Landes, in »Emma«. Sie sei am »Benutztwerden« gestorben.

Doch am stärksten von ihrem Tod betroffen zeigten sich die Frauen ihrer Generation, genauer gesagt, die älteren Frauen, die jenem Lebensstil gewollt oder ungewollt verhaftet geblieben waren. Sie schienen weniger präsent zu sein, die Medien interessieren sich auch meist nicht sehr für sie, denn nur wenige von ihnen haben eine gesellschaftlich relevante Position erklommen, die ihnen eine Stimme verleihen könnte. Viele von ihnen hatten, wie Hannelore Kohl, während des Krieges und danach schwere Schicksalsschläge und Härten zu erleiden, die meisten haben stets für andere und durch andere gelebt und ihr Leben den Ehemännern und Kindern gewidmet. Bei vielen hat mangelnde Schulausbildung oder Berufserfahrung dazu geführt, daß sie für anderes nur schlecht gerüstet waren, und als die Frauenbewegung die Aussichten auf ein eigenes Leben eröffnete, war es für sie bereits zu spät. Sie wurden kaum gewürdigt, ihre Arbeit wurde für selbstverständlich erachtet. Viele hatten das Gefühl, in diesem Leben die Verliererinnen gewesen zu sein.

Eine sechsundsechzigjährige Hausfrau aus Augsburg hörte die Nachricht, als sie gerade in der Küche stand und Essen kochte. »Mein erster Gedanke war: ›Sie war allein. Sie war von allen, allen, allen im Stich gelassen – und er war wichtig in Berlin.‹ Das hat eine unwahrscheinliche Aggression in mir ausgelöst. Sie hatte sich für ihn geopfert, sie hatte sich zurückgenommen für seine Karriere, und er hat keine Rücksicht auf sie genommen. Ich war wütend. Auf eine Art hat er seine Frau betrogen.«

Diese Art von Zuneigung war unter den Trauernden innerhalb und außerhalb des Doms zu Speyer deutlich zu spüren. »Die Anteilnahme gerade bei Frauen über Fünfzig war ja sehr groß.« Angela Merkel, Vorsitzende der CDU, meinte: »Es hat mich angerührt, was es da offenbar für eine Verbindung gibt ... ich glaube schon, daß viele ihr Leben mit gesehen haben.«

»Ich hatte auch trübe Zeiten. Das war so schlimm, da habe ich auch daran gedacht, Schluß zu machen. So was passiert«, konnte man eine weißhaarige Frau auf dem Domplatz in Speyer zu zwei Freundinnen sagen hören. »Jede von uns hatte schon ein paarmal das Gefühl: Was soll das alles? Jetzt mache ich Schluß. Aber wir haben es nicht geschafft«, meinte eine andere. Ein paar Tage nach der Beerdigung machte eine ältere Dame die lange Reise von Bremen nach Ludwigshafen, nur um an Hannelore Kohls Grab einen Kranz niederzulegen.

Doch von all den Menschen, die derart feste Überzeugungen über ihren Tod hegten, kannten sie nur sehr wenige, und noch kleiner ist die Zahl derer – so überhaupt vorhanden –, die Zeugen ihres Leidens waren, die Kenntnis von ihren Gedanken und den Umständen hatten, die ihrem Tod vorangingen. Wie können wir uns da mit derart fester Überzeugung solche Urteile erlauben? Sprachen wir da von der Frau oder doch nur von dem Bild, das sich die Öffentlichkeit von ihr gemacht hatte? Verriet uns die Reaktion auf ihr Ableben nicht eigentlich mehr über uns als über sie?

Hannelore Kohl und Prinzessin Diana waren zwei vollkommen verschiedene Frauen, und die Trauer in Deutschland um Frau Kohl kann nicht ernsthaft mit der allgemeinen Massentrauer um Diana in Großbritannien verglichen werden. Doch liefern uns die öffentliche Debatte und die wissenschaftliche Forschung, die nach dem Tode von Prinzessin Diana einsetzten, einige Erklärungen dafür, warum die Menschen so reagierten.

»Man interessiert sich für öffentliche Personen, weil sie exemplarisch das ausleben, was einen selbst bewegt«, meint Dr. Sabine Berghahn, Politikwissenschaftlerin und eine der Organisatorinnen einer Reihe von Vorlesungen an der Freien Universität Berlin über das Diana-Phänomen. Ein Tod, zumal ein unzeitiger, rührt uns an, »weil man etwas hineindeuten kann, die eigenen Konflikte, die eigenen Zweifel«. Der wichtigste dieser Konflikte ist zweifellos der zwischen den Geschlechtern. Das Schicksal schöner oder berühmter Frauen rührt einen besonders, oft genug gerade aus diesem Grund. Die kürzlich verstorbene, stets traurig wirkende deutsch-iranische Prinzessin Soraya, die vom Schah von Persien geschieden wurde, weil sie kinderlos blieb, Marilyn Monroe, die trotz ihrer Schönheit und ihres Ruhms einsam und unglücklich war, Diana, deren Märchenhochzeit in einer katastrophalen Ehe endete. Und Hannelore Kohl? Dr. Berghahn zufolge könnte man sie als eine Frau sehen, die voller Überzeugung eine traditionelle Rolle pflegte, an der sie zerbrach.

Doch die Gefühle, die Hannelore Kohls Tod auslöste, können zum Teil auch durch eine Art Schuldgefühl hervorgerufen worden sein – Schuldgefühl dafür, wie sehr ihr Mann – und also auch sie – für seine Fehler zu leiden hatte. In einer Vorlesung in der Diana-Reihe deutete die Politikwissenschaftlerin Dr. Birgit Sauer an, daß die Trauer über Diana zum Teil auch auf »Entsühnung« beruhe, »Reinigung des schlechten Gewissens« über ihren Tod auf der Flucht vor den sie jagenden Paparazzi. Dann zitiert sie Elias Canetti: »Die Jagd- oder Hetzmeute entsühnt sich als Klagemeute«, und Michael Ignatieff: »Leid ist immer tiefer, wenn es mit Schuld durchsetzt ist.«

Solcherart sind die unerwünschten Begleiterscheinungen des Ruhms. Viele mühen sich darum, sehen darin ein Zeichen ihres Erfolgs, andere befriedigen damit ihre Eitelkeit. Viele Menschen, Filmstars, Personen aus dem Showbusineß oder Models, buhlen hartnäckig um die Medien, um ihre Karrieren zu befördern. Und auch Politiker brauchen den Ruhm – man wird es nicht weit bringen, wenn man es nicht in die Schlagzeilen schafft. Doch das Interesse der Medien kann gefährlich sein. In einer freien Gesellschaft kann dieses Interesse geradezu erdrutschartige Dimensionen annehmen. Prominente können zwar versuchen, das Medieninteresse zu kanalisieren, zu manipulieren und für ihre Zwecke auszunutzen, und gleichzeitig dafür sorgen, bestimmte Aspekte ihres Lebens auszublenden. Doch das Medieninteresse an einer öffentlichen Person weckt auch die Neugier auf das Privatleben, und zwar in einem viel größeren Maße, als es der betreffenden Person lieb sein mag. Und wenn Berühmtheiten einen Fehler begehen, kann dies auf grausame Art auf sie selbst zurückfallen, es fügt ihnen Schaden zu oder bedeutet gar, wie bei Richard Nixon, das Ende der Karriere. Nur wenige hatten solche Probleme mit dem Ruhm wie Helmut Kohl, und nur wenige haben die daraus erwachsende Befriedigung und Verbitterung so intensiv erlebt.

Angehörige von Politikern werden aufgrund eben dieser Verwandtschaft berühmt, wie Monde, die von der Sonne angestrahlt werden. Viele Politiker schmücken sich gern mit glücklichen, heilen Familien, um so den Wählern zu versichern, daß auch sie glückliche, normale Menschen wie du und ich sind – oder zumindest sein wollen. Manche von ihnen – in den Vereinigten Staaten zumal – haben keinerlei Hemmungen, ihre Familien, ihre Kinder öffentlich zur Schau zu stellen. Und auch in Europa können Politikerfrauen (Ehemänner scheinen da eine andere Rolle zu spielen) für das öffentliche Bild ihrer Männer, und also für ihre Karrieren, sehr nützlich sein. Doch ist ihre Rolle dabei gespalten und spielt sich halb öffentlich, halb privat ab.

Nichts unterstrich diesen Widerspruch deutlicher als die Beerdigung von Hannelore Kohl. Der Dom zu Speyer war angeblich ausgewählt worden, weil nur er groß genug war, die Zahl an Trauergästen aufzunehmen, die erscheinen wollten – die Gemeindekirche, in der die Kohls geheiratet hatten, wäre viel zu klein gewesen. Viele berühmte Namen des politischen Lebens im Lande nahmen teil, doch nahezu niemand von ihnen konnte sich zu den engen Freunden Hannelore Kohls zählen. Ihre wahren Freunde kamen und gingen unerkannt. Die Feier war beeindruckend, aber Fernsehkameras und Fotografen blieben zum Schutz der Privatsphäre ausgesperrt. Das gleiche galt für den Friedhof, wo ein hoher Sichtschutz aus schwarzen Plastikbahnen aufgestellt worden war, um die Beerdigung, zu der nur der engste

Familien- und Freundeskreis geladen war, vor unerwünschten Zaungästen zu schützen. Dieser Kreis umfaßte gut sechzig Personen.

»Beobachter oder Voyeure?« lautete der erste Satz der Journalistin Claudia Paul in ihrem Bericht für die »Rheinpfalz«, in dem sie die Szene vor dem Friedhof beschrieb, und man konnte die Qual einer sensiblen Journalistin spüren, die gefangen ist zwischen der Privatsphäre und dem öffentlichen Interesse. Die Medien werden oft beschuldigt, in die Privatsphäre anderer einzudringen und nach Sensationen zu haschen, und so mancher hielt die Neugier der Journalisten im Falle von Frau Kohl für pietätlos. Doch die Medien können darauf erwidern, daß sie der Öffentlichkeit nur das geben, was diese zu sehen oder lesen verlangt. »Die Menschen interessieren sich nun mal für Menschen«, erwiderte ein Kollege einer Boulevardzeitung gebetsmühlenartig, wenn wir »seriöseren« Kollegen und Kolleginnen die Nase ob der Art von Story rümpften, nach der er Ausschau hielt. Er hatte natürlich recht. Die Auflage seiner Zeitung und sein eigenes Salär beweisen dies.

Heutzutage rangeln sich immer mehr Medien um die Leser oder Zuschauer, die Konkurrenz wird immer härter, und es tobt ein Kampf um immer pikantere, immer sensationellere Geschichten über die Berühmtheiten. Selbst seriöse Zeitungen haben, wenn auch auf zurückhaltendere Art und Weise, begonnen, mehr »Human Interest«-Storys zu bringen. Aber wer ist dafür verantwortlich, die Medien oder die Menschen, die deren Erzeugnisse konsumieren?

Lord Althorp, Dianas Bruder, klagte nach ihrem Tod die Medien an, sie hätten »Blut an ihren Händen«. Salman Rushdie erwiderte darauf: »Wenn Blut an den Händen der Fotografen, Fotoagenturen und Fotoredakteure klebt, dann klebt es auch an unseren.«

In der gemäßigteren Medienlandschaft Deutschlands drückt Dr. Berghahn dies in weniger dramatischen Worten aus. Wir bräuchten Berühmtheiten, sagt sie. Die Alten hätten ihre Mythen – Ödipus, Medea und Konsorten – gehabt, die die menschlichen Dramen und Konflikte repräsentierten. Die hochmögenden, gesetzten Damen früherer Jahrhunderte widmeten sich langen Romanen als einer Form der Auseinandersetzung mit der Wirklichkeit. Heute haben wir die Medien und die Machenschaften der Reichen und Berühmten. Darin, so Dr. Berghahn, läge eine Art Lebenshilfe.

Hannelore Kohl führte ein doppeltes Leben. Das eine Leben war jenes, das sie in unseren Köpfen führte, geformt durch ihre Medienpräsenz, durch die ihres Gatten und durch das, was wir in ihr sehen wollten. Das andere war die wirkliche Hannelore Kohl, eine Frau, die einer ganz bestimmten Generation angehörte und die die Karten, die ihr das Leben zugeteilt hatte, so gut ausspielte, wie sie nur konnte. Wer also war die wahre Hannelore Kohl, und wie kam sie mit ihrem anderen Ich zurecht?

1

Als die Spendenaffäre, in die auch ihr Mann verwickelt war, im November 2000 ausbrach, bemerkte Hannelore dazu: »Wir haben den Krieg überlebt, wir werden das auch überleben.«

Der Krieg stellte die grauenvollste Erfahrung ihres Lebens dar; diese Erfahrung wurde zum Maß, an dem jeder Schicksalsschlag, jede Schwierigkeit in ihrem Leben gemessen wurde. Nachdem sie durch die Hölle gegangen war, glaubte sie fest, mit allem fertig werden zu können, das sich ihr in den Weg stellte. »Der Vorteil schlechter Zeiten ist, glaube ich, daß sie einem helfen, die wirklich wichtigen Dinge im Leben einzuordnen.« Die Kriegserfahrung wappnete sie zum Beispiel davor, schmerzliche Angriffe auf ihren Mann oder auf sich selbst zu ertragen, aber auch die unbedeutenden Dinge als das zu sehen, was sie wirklich waren: unbedeutend. Als Kind hatte sie zum Beispiel nur Schuhe aus alten Autoreifen getragen, deren Schnürbänder ihr in die Füße schnitten; späterhin konnte sie sich einfach nicht darüber aufregen, wenn ihre schicken braunen Pumps nicht exakt denselben Farbton aufwiesen wie ihre elegante Handtasche. Aber darin war sie natürlich nicht allein. Millionen von Menschen hatten während des Zweiten Weltkriegs zu leiden, die einen mehr, die anderen weniger. Die blonde Hannelore Renner gehörte zu den ersteren. Ihre Erfahrungen prägten sie ein Leben lang.

Der Krieg brach urplötzlich in eine glückliche, heiter behütete Kindheit ein. Hannelore Renner war am 7. März 1933 in Berlin-Schöneberg geboren worden, wo ihre Eltern lebten und ihr Vater bei AEG arbeitete. Zwar hatte sie keine bildhaften Erinnerungen mehr an Berlin und hatte über fünfzig Jahre lang ihr Zuhause in Ludwigshafen, doch sie liebte die Großstadt und betrachtete sich selbst als Berlinerin. Tatsächlich zog die Familie nach Leipzig, als sie ein Jahr alt war. In Leipzig bot sich dem ehrgeizigen Ingenieur eine berufliche Chance in einer ehemaligen Lampenfabrik, die vollkommen umstrukturiert worden war und sich rasant entwickelte.

Die Familie bezog ihr Heim in der Montbéstraße 41 in Gohlis, einem »guten« Leipziger Wohnviertel – wenn auch nicht die beste Lage der Stadt –, in dem Besserverdienende und Geschäftsleute wohnten. Das Viertel im Norden der Stadt war sehr angenehm: solide gebaute Gründerzeithäuser, breite baumgesäumte Straßen und gepflegte Gärten. Im Haus Montbéstraße 8 wohnte Paul Budin, der dynamische Chef der Firma ihres Vaters, doch der zog bald in eine bessere Gegend nicht weit davon entfernt im Poetenweg. Nur einen kurzen Fußweg entfernt in der Döllnitzstraße lag die Hugo-Gaudig-Grundschule mit ihrem eleganten Treppenaufgang und den Gewölbedecken, die Hannelore ab ihrem sechsten Lebensjahr besuchte. Sie erhielt Klavier- und Akkordeonunterricht, und man nahm sie mit in Konzerte im Gewandhaus und in Kinderopern wie »Hänsel und Gretel« und »Peterchens Mondfahrt« in der Alten Oper am Augustusplatz. Zu Hause lernte sie sicherlich die konservativen Werte der Selbstdisziplin, der Loyalität und der Pflichttreue. Als sie alt genug war, um eingeschult zu werden, hatte das

Naziregime, das fünf Wochen vor ihrer Geburt an die Macht gekommen war, dem ganzen Land sein eigenes Erziehungswesen auferlegt, und man darf getrost davon ausgehen, daß sie in der Schule dieselben Werte lernte, auch wenn sich dahinter politische Motive verbargen, die ihr damals nicht bewußt gewesen sein dürften. Irgendwann in ihrer Schulzeit – ob vor oder nach dem Krieg ist allerdings unklar – mußte ihre Klasse ein Gedicht auswendig lernen, das eine Phrase enthielt, die ihr sehr gefiel und die sie sich zur Lebensmaxime machte. Sie erinnerte sie so: »Und dann ward die Pflicht zur Freude.« Diese Zeilen stammten wahrscheinlich aus einem Gedicht des indischen Dichters und Philosophen Rabindranath Tagore: »Ich schlief und träumte, das Leben wäre Freude, ich erwachte und sah, das Leben ward Pflicht. Ich handelte, und siehe, die Pflicht ward Freude.«

Wilhelm Renner, ihr Vater, stammte aus einfachen Verhältnissen. Er war in Mutterstadt in der Pfalz geboren worden, wo sein Vater einen Bauernhof hatte und eine Reparaturwerkstatt für landwirtschaftliches Gerät und Motorräder unterhielt. Die Renners, Protestanten mit Hugenottenblut in den Adern, waren eine große Familie, die in Mutterstadt mehrere Bürgermeister gestellt hatte und mit nahezu jedem Ansässigen verwandt war. Wilhelm Renner, ältestes von fünf Kindern, war energisch und ambitioniert; seine Tochter sagte einmal über ihn: »Heute würde man ihn einen autodidaktischen Karrieristen nennen.« Gesellschaftlich betrachtet, erreichte er erheblich mehr als der Vater; er verließ Mutterstadt mit sechzehn, wurde Ingenieur, arbeitete in Bremen und Kiel und heiratete im Alter von 39 Jahren die wohlhabende Bremerin Irene Merling, 32, eine Enkelin und Mit-Erbin von Ernst Mey, der im Jahre 1870 mit Bernhard

Edlich die Herrenausstatterfirma Mey und Edlich gegründet hatte. (Wie ihre Mutter war Hannelore später durch Erbgang an der Firma beteiligt, bis sie im Jahr 1994 als Mitgesellschafterin ausstieg.)

Hannelore war ihr einziges Kind, wohlerzogen, brav, verwöhnt, erinnert sich Erna Knisse, die als Kindermädchen für die Familie arbeitete, als Hannelore noch klein war. In einem Brief an einen früheren Klassenkameraden schreibt ihr Vater 1944 über sie als »unser Stolz«. Er war mit ihr ebenso streng wie mit dem Personal – Frau Knisse erinnert sich, daß mit weißen Handschuhen kontrolliert wurde, ob Staub gewischt war. Die Wohnung, ganz mit »Alt-Heidelberger« Stilmöbeln eingerichtet, besaß ein Musikzimmer und ein Jagdzimmer. Wilhelm Renner war begeisterter Jäger und brachte oft Wild für die Küche mit nach Hause. Frau Renner war eine liebevolle Mutter und Gattin, aber Wilhelm Renner »interessierte sich mehr für seine Sekretärin als für seine Frau«, erinnert sich Frau Knisse. Zu einem seiner Geburtstage bekam er von seiner Frau ein Auto, einen Hanomag, geschenkt – die Jungfernfahrt machte er jedoch mit seiner Sekretärin.

Hannelore hatte Glück – als der Krieg ausbrach, wurde ihr Vater, anders als so viele Väter anderer Kinder, nicht eingezogen. Seine Arbeit galt als »kriegswichtig«. Wenn in dieser Zeit ein Schatten auf Hannelores Leben fiel, dann der, daß ihr Vater dennoch die meiste Zeit fort war und im Auftrag seiner Firma im Land umherreiste. Sie spürte seine Abwesenheit und kam zu der Einsicht, daß dies nicht der ideale Zustand war, eine glückliche Familie zu bilden.

Hannelore Kohl sagte, sie habe nichts von dem gewußt, was im damaligen Deutschland vor sich ging und wie ihre

Eltern darüber dachten. »Ich war sechs Jahre alt, als der Krieg begann. Eigentliche politische Gespräche in Gegenwart von Kindern waren nicht üblich«, meinte sie einmal in einem Interview mit Dieter Zimmer. »Man darf nicht die Jetztzeit, mit ihrer ungeheuren Beeinflussung, auch durch das Fernsehen, auf damals übertragen. Man sprach mit Kindern nicht über Politik. Genauso, wie man ja auch sonst als Kind nicht aufgeklärt wurde.« Doch unabhängig davon, ob sie nun davon wußte oder nicht: Ihr Vater war ganz dem Zeitgeist verhaftet.

Wilhelm Renner war überzeugter Nazi, wie sich Erika Zimmer, die Nachbarin, die in der Wohnung über den Renners wohnte, erinnert. »Und die Mutter auch«, fügt sie an. »Keine Angst, wir werden siegen!« sagte er zu Beginn des Krieges. Das Paar war charmant, freundlich und sehr hilfsbereit. Herr Renner – »ein lustiger Bursche« – ließ den gemeinschaftlichen Luftschutzkeller verstärken, ein Umstand, dem viele ihr Leben verdankten, als das Haus schließlich während der Luftangriffe einen Treffer abbekam und zerstört wurde. Er schien auch eine Menge gewußt zu haben, meint Frau Zimmer. Schon lange vor Kriegsende soll er zu ihrer Familie gesagt haben: »Wir gewinnen den Krieg nicht. Es ist alles vorbei. Es ist Verrat gewesen.« Frau Zimmer, die zu der Zeit noch keine zwanzig war, erinnert sich an die kleine Hannelore als »sehr bescheiden, nett, unauffällig«.

Wilhelm Renner war am 1. April 1933 in die Partei eingetreten; sein Ausweis trägt die Nummer 1 773 273. Dieser Schritt war vermutlich wichtig für sein berufliches Fortkommen, denn schon im Jahr darauf wurde er Oberingenieur und schließlich Betriebsdirektor der metallverarbeitenden Hugo Schneider AG oder HASAG, die Paul

Budin zu einer der größten Munitionsfabriken des Landes machte. Budin war fanatischer Parteigänger – er wurde später SS-Sturmbannführer, dem Rang eines Majors vergleichbar – und stellte ein loyales, enthusiastisches Führungsteam zusammen, die meisten von ihnen SS-Offiziere, doch bei seinen Arbeitern achtete er nur auf handwerkliche Fähigkeiten und beschäftigte sogar Kommunisten, von denen einige eine kleine Widerstandsgruppe bildeten, die sich um Geheimpropaganda und kleinere Sabotageakte bemühte. Max Walter, eines ihrer Mitglieder, war nach dem Krieg für kurze Zeit Treuhänder der Firma, und in einem Aufsatz behauptete er – anders als die meisten seiner Kollegen –, Wilhelm Renner sei in der SA gewesen und habe dort den Rang eines Untersturmführers eingenommen; ebenso sei er Mitglied des Nationalsozialistischen Kraftfahrerkorps (NSKK) gewesen.

Die HASAG wurde zu einem wirtschaftlich wie politisch spektakulären Erfolg. Sie entwickelte und produzierte die Panzerfaust, jene gefürchtete Panzerabwehrwaffe, die zu einem wichtigen Bestandteil von Hitlers Kriegsstrategie wurde. Es ist kolportiert worden, Wilhelm Renner habe bei der Entwicklung der Panzerfaust mitgewirkt, habe sie gar erfunden. Tatsächlich war jedoch Dr. Ing. Heinrich Langweiler der Urheber; Renners Name taucht auf der Liste seiner Mitarbeiter nicht auf, aber es ist sehr wahrscheinlich, daß er in leitender Funktion mit der Produktion zu tun hatte. Innerhalb weniger Jahre hatte die HASAG ein Dutzend Fabriken in Deutschland und dem besetzten Polen errichtet oder übernommen. Die Belegschaft nahm rapide zu, und die Nettogewinne verzehnfachten sich in den Jahren von 1933 bis 1938. Die Firma wurde ganz auf Nazi-Linie getrimmt – die Arbeiter hatten keinerlei Rechte, wurden aber gut entlohnt, erhielten geeigneten Wohnraum, genossen Sport, Urlaub und Freizeitangebote – und zum Nationalsozialistischen Musterbetrieb erklärt. Je länger der Krieg sich hinschleppte, um so rarer wurden jedoch Arbeitskräfte; die Firma setzte Tausende von Zwangsarbeitern, KZ-Häftlingen und Juden ein, die mit einer Grausamkeit und einem Zynismus behandelt wurden, die die übliche Brutalität jener Zeit bei weitem überstiegen. Das Unternehmen hat sich »wie kein zweites an den nationalsozialistischen Greueltaten beteiligt … Die Ermordung einer großen Zahl jüdischer Häftlinge durch den SS-Werkschutz und die unmenschliche Ausbeutung der beschäftigten Zwangsarbeiter gehören zu den dunkelsten Kapiteln deutscher Unternehmensgeschichte«, schreibt der Leipziger Historiker Mustafa Haikal in einer historischen Untersuchung der Firma.

Das Unternehmen expandierte, und Wilhelm Renner machte Karriere. Am 16. Januar 1939 wurde er zum Prokuristen bestellt, und ab 1944 durfte er sich, wie sein Chef Budin, »Wehrwirtschaftsführer« nennen, ein Titel, den das Regime jenen verlieh, die sich in der kriegswichtigen Industrie hervorgetan hatten. Es gibt keinerlei Hinweise darauf, daß Renner persönlich an irgendwelchen Verbrechen seines Unternehmens beteiligt gewesen ist. Es dürfte auch äußerst unwahrscheinlich sein, daß er seiner kleinen Tochter davon erzählt hat.

In den ersten Kriegsjahren blieben Leipzig und andere östlich gelegene Städte von den Bombenangriffen verschont, die die Städte im Westen Deutschlands in Schutt und Asche gelegt hatten. Als die Alliierten 1944 das besetzte Frankreich zurückerobert hatten und von dort aus ihre Angriffe fliegen konnten, sollte sich das ändern. Bald schon begannen auch die Leipziger das Heulen der Sirenen und das Dröhnen der Flugzeugmotoren zu fürchten, welche Stunden des Schreckens, des Todes und der Zerstörung ankündigten. Doch nichts von alledem bereitete die Bewohner der Stadt auf die Nacht vom 3. auf den 4. Dezember 1943 vor. Gegen 3.45 Uhr gingen die Sirenen los, die Menschen zogen sich hastig an und eilten in die Luftschutzkeller. Eine Viertelstunde später näherten sich in schneller Folge etwa 400 Maschinen im tiefen Flug, Welle um Welle. Anderthalb Stunden lang bebte die Erde, und etwa 1400 Tonnen Bomben fielen – darunter 90 000 Stabbrandbomben, 17 000 Phosphorbomben und 900 Sprengbomben. Wohnhäuser, Büros, Fabriken und historische Gebäude wurden getroffen und gerieten in Brand. Zwei Stunden nach dem Angriff entfachten die Flammen und die Hitze der mehr als 5000 Brände einen Feuersturm, der auf seinem Weg allen Sauerstoff aus der Stadt sog, Bäume entwurzelte, Hochspannungsleitungen umlegte, Autos umwarf und Kinder aus den Händen ihrer Eltern riß.

Das Trauma dieses Erlebnisses saß so tief, daß Hannelore Kohl noch Jahre später nur sehr schwer vor Außenstehenden darüber sprechen konnte. Und selbst dann klangen ihre Erinnerungen bruchstückhaft und impressionistisch: »Da bildeten die Menschen Ketten, um mit Wassereimern Feuersbrünste zu löschen. Ich selbst versuchte, einem Soldaten zu helfen, dessen Stahlhelm glühte. Dieses Bild … dieser Mann mit dem rötlich glühenden Stahlhelm … ich werde es nicht los. Da hat man hingegriffen und nicht gefragt, ob es irgendwo Asbesthandschuhe gibt. Ich habe Tote mit Lungenriß gesehen. Wir waren umzingelt von brennendem Phosphor …« Und an anderer Stelle: »Ich war zweimal in brennendem Asphalt eingeschlossen. Diese schrecklichen Ängste werden wohl nie mehr aus mir herausgehen«, und »noch heute habe ich Angst vor Feuer. Das ist auch der Grund, warum wir zu Hause keinen Kamin einbauen ließen.« Aus dem gleichen Grund konnte sie keine brennenden Kerzen um sich haben, und Freunde bemerkten, daß sie eine brennende Kerze auf dem Tisch im Restaurant sofort ausblies.

Ihre schöne Stadt lag in Schutt und Asche. Etwa 2700 Menschen kamen dabei ums Leben, 125 000 waren ohne Obdach. Zwei Millionen Bücher und unersetzliche Druckstöcke der ehrwürdigen Buchstadt verbrannten. Beißender Qualm hing über der Stadt. Viele Häuser in Gohlis waren zerstört, die Straßen unpassierbar. »Unheimlich gähnen schwarze Fenster, qualmende Balken hängen drohend herab, oder das Haus glüht innen rot und stiebt Funken oder qualmt aus allen Fenstern schwarz heraus«, schrieb Hans-Peter Hammer, ein Leipziger Luftwaffenhelfer, am folgenden Abend in sein Tagebuch. »Ununterbrochen knirscht Glas unter den Fahrrädern … ich muß mein Rad über einen zwei Meter hohen Trümmerhaufen tragen, der den Weg zur Stadt versperrt. Am grauenvollsten sehen die Menschen aus. In zerrissene Lumpen gewickelt. Viele tragen eine Sturmbrille. Frauen mit Männerhosen, hier jemand im Schlafanzug. Kopftücher. Dreiradautos mit roten Betten bepackt. Feuerwehr trillert widerlich. Sanitätsautos …«

Es sollten noch weitere Luftangriffe folgen, doch Hannelore und ihre Mutter wurden zusammen mit vielen Frauen und Kindern aus Leipzig evakuiert. Sie fanden sich in Döbeln wieder, einem kleinen Bilderbuchstädtchen auf halbem Wege zwischen Leipzig und Dresden. Begleitet von Hannelores kleinem Dackel, wurden sie in einer möblierten Kammer in einem kleinen alten Haus im ältesten Teil der Stadt unterhalb der ehemaligen Burg einquartiert. Dieses Haus in der Zwingerstraße 18 (das im Jahr 2000 abgerissen wurde) stand auf einer Böschung oberhalb der kleinen Pflasterstraße, die von ähnlich alten Häusern gesäumt war. Ihre Vermieterin war eine Frau Wagner, eine fähige, energische Frau, ehemalige Sekretärin eines Industriedirektors an der Ruhr. Frau Wagner und Frau Renner wurden gute Freundinnen, und ihr ganzes Leben – sie starb im Spätsommer 2001 im Alter von 93 Jahren – hegte sie herzliche Erinnerungen an die Mutter und ihre blondgezopfte Tochter, »ein solides, fleißiges Mädchen«, das pflichtbewußt im Haushalt mithalf.

In Döbeln ging Hannelore auf die Lessing-Schule. Dabei handelte es sich ursprünglich um eine Knabenschule, und in ihrer Klasse gab es nur zwei oder drei Mitschülerinnen. Der Zwang, den Jungen Paroli bieten zu müssen, war eine gute Schule für ihr Selbstbewußtsein – noch Jahre später sollte sie ihre Fähigkeit, aufzustehen und in aller Öffentlichkeit ein paar Worte aus dem Ärmel zu schütteln, jenen Tagen an der Knabenschule zuschreiben. Ihre Mutter fand sich plötzlich, wie so viele Damen der gehobenen Mittelschicht, kriegsdienstverpflichtet und mußte halbtags am Fließband in einer Fabrik arbeiten, die dabei helfen sollte, den Endsieg zu sichern. Dabei handelte es sich dem Heimatkundler Günter Friedel zufolge (er lernte Hannelore Kohl später kennen) um die Firma von Johannes Großfuß, die Teile des legendären Maschinengewehrs M 42 lieferte. Um nicht das Dasein eines Schlüsselkinds zu fristen, mußte Hannelore nach der Schule in die Fabrik gehen, wo sie in der Kantine aushalf, für die nächste Schicht aufräumte und Tische wischte. Dafür erhielt sie eine warme Mahlzeit.

Trotz der Tatsache, daß Döbeln mehrere Waffenfabriken beherbergte und ein Eisenbahnknotenpunkt war, blieb die

Stadt während des Krieges praktisch unversehrt. Nur ein paar von den Bomberbesatzungen wahllos abgeworfene Bomben waren gefallen, hatten aber keinerlei nennenswerten Schaden angerichtet. Doch gab es immer noch den Schrecken der Tiefflieger, die bei Tag angriffen und die Menschen auf offener Straße beschossen. Eines Tages überquerte Hannelore auf dem Weg zur Schule eine Brücke, als ein Flieger herabstürzte und aus allen Rohren feuerte. Voller Panik warf sie sich zu Boden und klammerte sich ans Brückengeländer, voller Gewißheit, daß ihr letztes Stündlein geschlagen hatte.

Im bitterkalten Winter 1944/45 wurde der Bahnhof von Döbeln, einer der wenigen noch funktionstüchtigen Umschlagplätze, zum Haltepunkt zahlloser Züge, die Tag und Nacht von Osten her anrollten. Sie waren gepackt voll mit kranken, verletzten und erschöpften Soldaten und durchgefrorenen, hungrigen und verschreckten Zivilisten, viele von ihnen auf offenen Waggons, die vor den heranrückenden russischen Armeen flohen. Jede zweite Woche hatte die Schulklasse von Hannelore »Bahnhofsdienst«. Zwölf Stunden lang, von acht Uhr früh bis acht Uhr abends, mußten sie den Sanitätern helfen, die Kranken und Verletzten zu versorgen, die Toten aus den Waggons zu holen, die Waggons zu säubern und heiße Getränke, Essen und Decken zu verteilen. Besonders bedrückend waren die Mütter, die immer noch ihre Babys an sich drückten, die unterwegs gestorben waren, und sich weigerten, sie herzugeben. »Die ersten Tage dachte ich: Das schaffe ich nicht«, sagte sie später. Das, was sie während des Luftangriffs auf Leipzig erlebt hatte, war nichts im Vergleich zu dem Elend in diesen Zügen.

Der Krieg rückte immer näher. Die Amerikaner kamen von Westen, und die sowjetischen Panzer rollten von Osten immer weiter heran. Die beiden Armeen sollten schon bald in Torgau aufeinandertreffen, nicht weit nördlich von Döbeln; damit lag Döbeln im letzten, immer kleiner werdenden Streifen Niemandsland. Wer würde zuerst eintreffen, die Amerikaner oder die gefürchteten Russen? Frau Renner, die schreckliche Angst davor hatte, daß ihrer hübschen blonden Tochter etwas zustoßen könnte, entschied, kein unnötiges Risiko einzugehen. Sie schickte ihrem Mann eine Nachricht per Fernschreiber und teilte ihm mit, sie mache sich auf den Weg zu ihm nach Leipzig. Zusammen mit einer Bekannten und deren zwei Töchtern brachen sie auf; sie hatten all ihre Habe auf zwei Handkarren bei sich. Sie zogen ohne jede Landkarte nach Westen, hin zu den Amerikanern. Zu ihrem Schrecken wurden sie schon bald von russischen Soldaten und Panzern überrollt. Sie fanden Unterschlupf in einem kleinen Dorf an der Mulde, dem Flüßchen, das zur Demarkationslinie zwischen den beiden Besatzungsarmeen geworden war. Flüchtlingen war es untersagt, den Fluß zu überqueren; einige, die es dennoch wagten, wurden erschossen. Die Frauen warteten ein paar Wochen in dem Dorf ab, bevor sie sich endlich trauten, die Mulde zu durchqueren. »Am 1. Mai, morgens um fünf, schlichen wir aus dem Ort und überquerten an einer Furt den Fluß. Mit Gepäck, mit Handwagen. Obwohl wir klitschenaß waren, wagten wir nicht, uns gleich am Ufer umzuziehen – aus Furcht, die Russen könnten uns zurückholen.« Wie lange brauchten sie bis Leipzig – drei, fünf, sechs Wochen? Hannelore Kohls eigene Erinnerungen sind da widersprüchlich. Viele Flüchtlinge waren unterwegs, Leichen lagen links und rechts der Wege, Frauen brachten auf offenem Feld ihre Kinder zur Welt. Ihre kleine Gruppe versuchte die großen Straßen zu meiden, sie schliefen in Scheunen, Kirchen, wo immer sie Unterschlupf finden konnten. Unterwegs lernte Hannelore, um Essen zu betteln, zu stehlen oder zu »organisieren«, wie man es damals nannte, und sie wurde gut darin. »Ich habe sicherlich viele praktische Elemente meines zukünftigen Lebens in dieser Zeit gelernt«, meinte sie später stolz. »Von der verwöhnten Tochter war ich sehr schnell zu einem patenten Kind geworden, das in der Lage war, seine Mutter mit zu ernähren. Ich kam sehr gut an, wenn ich gebettelt habe. Oder ich erinnere mich, daß ich drei oder vier Nächte in einem amerikanischen Casino bedient und ungeheuer viele Nahrungsmittel bekommen habe.« Sie hatten keine Ahnung, daß während ihrer Flucht das Deutsche Reich kapituliert hatte und der Krieg vorüber war.

In Leipzig trafen sie endlich ihren Vater wieder. Ihr Zuhause war zweimal ausgebombt, all ihre Habe vernichtet worden. Auch die Fabrik des Vaters lag in Trümmern. Als die Amerikaner im April 1945 die Tore von Leipzig erreichten, erschütterte eine ungeheure Explosion die Stadt – Budin hatte, wie sich herausstellte, das Hauptverwaltungsgebäude der HASAG in Leipzig-Paunsdorf in die Luft gejagt und damit unter anderem einen Großteil des Archivs vernichtet. Budin und seine Frau waren verschwunden, und man nahm an, daß sie bei der Explosion freiwillig den Tod gesucht hatten; bis heute hält sich in Leipzig hartnäckig das Gerücht, sie hätten die Explosion als Tarnung genutzt, um zu fliehen und unterzutauchen. Für Hannelore und ihre Mutter gab es jedoch nur eine kurze Atempause. Kurz nach ihrer Ankunft zogen sich die Amerikaner plötzlich aus der Stadt zurück, ohne die Bevölkerung, wohl aus Angst vor einer weiteren Flüchtlingswelle, darüber zu informieren. Aufgrund einer

Übereinkunft überließen sie den Russen die Stadt und einen Großteil Mitteldeutschlands und besetzten im Gegenzug dafür einen Sektor des russisch besetzten Berlin. »In der Nacht zum 1. Juli war plötzlich auf den Straßen Leipzigs Lärm zu hören. Die Luft schien zu vibrieren. Die Nachricht vom Abzug der Amerikaner verbreitete sich wie ein Lauffeuer«, erzählte sie später dem Bild-Kolumnisten Mainhard Graf Nayhauss. »Wir dachten: Das darf doch nicht wahr sein!«

Die Amerikaner nahmen die Wissenschaftler aus der Arbeitsgruppe Panzerfaust der HASAG mit sich, ebenso einen Großteil der technischen Unterlagen, und ließen sie in den Vereinigten Staaten an ähnlichen Waffenentwicklungen arbeiten. Die Russen griffen sich die Verbliebenen – die dritte Garnison, wie sie ein Militärhistoriker einmal nannte – und brachten sie aus denselben Motiven nach Moskau. Die Renners mußten erneut fliehen. Wilhelm Renner besaß ein kleines Auto und hatte für sie alle Papiere besorgt. Die Familie machte sich über Hof auf in den Westen, nach Mutterstadt zu den Großeltern. Wie lange brauchten sie bis dorthin? Erneut verloren sie jedes Zeitgefühl. Etwa drei Monate hatten sie kaum etwas anderes zu essen als rote Bete. Wieder hieß es betteln, »organisieren«. Mancher Bauer gab ihnen ein paar Kartoffeln, so manch anderer hetzte die Hunde auf sie. Sie wurden immer schwächer, waren vor Hunger oftmals der Ohnmacht nahe. Dreimal erlebten sie den Alptraum, daß die Sowjetarmee sie einholte, riesige lärmende Panzer, Gewehre, Uniformierte. Fürchterliche Szenen voller Vergewaltigungen, Gewalt und Grausamkeit spielten sich ab. »Ich bin einmal aus dem Fenster geworfen worden wie ein Zementsack. Ich hatte natürlich viele Brüche und war verwundet.«

Hannelore erlitt eine Wirbelsäulenverletzung, die ihr dauerhaft Schmerzen bereitete und dazu führte, daß sie ihr Leben lang gewisse Sportarten nicht betreiben konnte. Die Renners waren wochenlang unterwegs. Auch hier sind Hannelore Kohls Berichte widersprüchlich. Unterwegs kamen sie bei einigen Bauern in der Nähe von Colditz unter; ein andermal war sie plötzlich ganz allein und hauste bei ein paar unfreundlichen Bauern auf einem Bauernhof hinter einem Deich bei Bremerhaven. Wie sie mit all ihren Knochenbrüchen überhaupt weiterziehen konnte, ist völlig unklar. Als sie sich ihrem Ziel näherten, wartete noch die demütigende Erfahrung des Entlausens auf sie, das die Amerikaner in Heidelberg zwangsweise durchführten. In der Hoffnung, endlich Zuflucht im großväterlichen Heim zu finden, trafen sie schließlich in Mutterstadt ein – doch fanden sie das Haus vollkommen zerstört vor. »Da habe ich zum ersten Mal meinen Vater weinen sehen – weinend auf dem Trottoir sitzend.«

Auch die große Verwandtschaft konnte ihnen nur wenig helfen. Mutterstadt lag in Schutt und Asche. Als die Amerikaner im März 1945 dort einmarschierten, räumten sie in nur wenigen Stunden einen ganzen Straßenzug, um dort 1100 Kriegsgefangene und Zwangsarbeiter unterzubringen, die sie in der Gegend befreit hatten. Viele der neuen Bewohner übten Rache an der deutschen Bevölkerung und plünderten oder zerschlugen alles, was sie in die Finger bekamen. Die Renners fanden Unterschlupf in einer winzigen Waschküche von etwa 15 Quadratmetern, in einem Haus, das Fremden gehörte. Es gab wenig zu essen, und sie hatten buchstäblich nichts. Für den Wehrwirtschaftsführer und seine Familie war dies die Stunde Null.

2

Doch das Leben ging weiter, irgendwie. Die Familie litt in einem Maße Hunger und Entbehrung, wie dies heute nahezu unvorstellbar ist. »Das erste Butterbrot habe ich nicht vertragen, da mein Magen gutes Essen nicht mehr gewohnt war«, erinnerte sich Hannelore Kohl. Brot, Fleisch, Fett waren streng rationiert. Vor den Geschäften bildeten sich lange Schlangen. Da das Geld wertlos war, schleppten die Menschen Teppiche oder Wertgegenstände zu den Bauern, um diese dort gegen Lebensmittel zu tauschen. War die Ernte eingebracht, durften sie die übriggebliebenen Getreidekörner sammeln, die sie zu Schrot verarbeiteten und rösteten oder aus denen sie eine Suppe kochten. Die Kalorienzufuhr der Bevölkerung von Mutterstadt war halb so hoch wie während des Krieges. Die Kinder hatten häufig Nachmittagsunterricht und nahmen ihr Pausenessen mit – fast immer ein Stück trockenes Brot.

Doch es gab auch Hilfe. Amerikanische und britische Quäker organisierten ein Schulspeisungsprogramm, zumeist eine Schale Haferflocken mit Rosinen und Milch. Nach der langen Flucht war Hannelore massiv unterernährt und erhielt Essen der Stufe eins, also besonders nahrhafte Speisung. Die Quäker verteilten auch dringend benötigte Kleidung und Schuhe. »Ich hatte drei Jahre lang nur ein Paar Schuhe«, erinnerte sie sich viele Jahre später in einem Interview mit »Bild der Frau«. »Im ersten Jahr Zeitungen drin. Dann weniger Zeitungen. Dann paßten sie eine Weile. Dann wurde vorn abgeschnitten für die Zehen. Dann hinten für die Hacken. Und als die Sohle durch war, kam ein Holzbrett drunter.« Die Familie wechselte häufig die Bleibe, und es sollte ein paar Jahre dauern, bis sie wieder eine eigene Wohnung hatten und Hannelore in ihrem eigenen Bett schlafen konnte. Ein eigenes Badezimmer, in dem man die Tür abschließen konnte und wo aus dem Hahn warmes Wasser floß, erschien ihr der Gipfel des Luxus. Später, auf dem Abschlußball ihrer Tanzschule, trug sie ein Kleid, das ihre Mutter aus drei Flaggen genäht hatte, aus denen die Hakenkreuze herausgeschnitten worden waren. Ihr Vater hatte keine Arbeit und mußte mit Holzfällarbeiten sein Geld verdienen, obwohl er bereits Mitte Fünfzig war. Er wird sich vermutlich dennoch glücklich geschätzt haben. Denn zur gleichen Zeit erwarteten einige Abteilungsleiter und zahlreiche Angestellte der HASAG in der sowjetisch besetzten Zone ihr Gerichtsverfahren; sie wurden beschuldigt, an der Verschleppung, Mißhandlung und Ermordung von KZ-Häftlingen beteiligt gewesen zu sein, und die zuständigen Justizbehörden hatten um die Auslieferung Renners ersucht.

In der Erstausgabe dieses Buches schrieb ich: »Es gibt keinerlei Hinweise darauf, daß Renner persönlich an irgendwelchen Verbrechen seines Unternehmens beteiligt gewesen ist.« Inzwischen habe ich jedoch vom Bundesarchiv Material erhalten – Kopien von Dokumenten aus der Kriegs- und unmittelbaren Nachkriegszeit, die in die Stasi-Archive gelangt waren –, das einen anderen Schluß nahelegt. Eines der Dokumente ist ein Bericht der Sächsischen Kriminalpolizeidienststelle Döbeln vom 18. Januar 1946. Darin heißt es, daß die Polizei in der sowjetisch besetzten Zone nach Renner, einem »führenden Nationalsozialisten« gefahndet habe. Von der Gendarmerie in der französischen Zone habe man die Auskunft erhalten, daß er nun in Mutterstadt/Pfalz lebe und daß die Justizbehörden in Döbeln formelle Schritte zu seiner Überführung eingeleitet hätten. Es finden sich in dem Dokument keine präzisen Angaben über seine Straftaten, doch heißt es: »Durch seine Tätigkeit wurde (Renner) zum Geheimnisträger versch. nazistischer Befehle. Seine Person ist für die Landesverwaltung und die Militärbehörden von größter Wichtigkeit. Es ist bekannt, daß Renner KZ-Häftlinge in Sachsenhausen mit der Herstellung von Panzerfaustteilen beschäftigen ließ und diese besonders ausbeutete. Er soll den Ausspruch getan haben: ›Ich lasse die verantwortlichen Leute, die sich in Zukunft etwas zuschulden kommen lassen, einfach hinrichten.‹«

Dr. Gunter Morsch, Leiter der Gedenkstätte und des Museums Sachsenhausen, bestätigte mir, daß Panzerfaustteile in dem Außenlager »Klinkerwerk« von Häftlingen hergestellt wurden, die, wie anderswo auch, bis zur Erschöpfung ausgebeutet und brutal behandelt wurden. Im Zusammenhang mit dem Prozeß gegen ehemalige SS-Aufseher des KZ Sachsenhausen in Köln 1962 sagte Christian Beem, ein ehemaliger Häftling, vor einem holländischen Richter aus, daß es einige Erschießungen und Hinrichtungen von Häftlingen gegeben habe, darunter auch von zwei Holländern. Diese beiden »hatten, so erzählte man sich, etwas falsch gemacht bei der Herstellung von Panzerfaustteilen«. Das Museum Sachsenhausen besitzt jedoch keine Quellen darüber, welche Firmen oder welche Personen hier involviert waren.

Ein Polizeibericht ist natürlich keine juristische Anklageschrift, und der Ton des Berichts spiegelt vermutlich die

Atmosphäre in der sächsischen Polizei unter sowjetischer Kontrolle wider. Er wirft allerdings eine Reihe von Fragen über Wilhelm Renner auf; doch dieses Buch handelt von der Tochter, nicht von ihrem Vater. Es ist sicher, daß er – aus welchem Grund auch immer – nicht überstellt wurde. Und angesichts der Mauer des Schweigens, die die Generation ihres Vaters in den Nachkriegsjahren um ihre Kriegsaktivitäten gezogen hatte, steht zu vermuten, daß Hannelore Kohl nichts von den Verbrechen seiner Firma wußte. Wenn sie etwas gewußt oder zumindest vermutet hätte, so wäre das sicher eine schwere Bürde gewesen, die sie ihr Leben lang zu tragen gehabt hätte. Und sie hatte als junger Flüchtling schon genug Traumata zu ertragen.

Der Krieg war vorbei, doch die Alpträume kehrten immer wieder. »Kriegsszenen, Bombeneinschläge, Panzerketten, die auf mich zurollen …«, sollten sie jahrelang verfolgen. Heute würde ein Kind, das ein solches Trauma erlebt hat, sicherlich psychologische Betreuung erhalten. Doch zu jener Zeit, als Millionen von Kindern und Jugendlichen die eine oder andere fürchterliche Erfahrung hatten machen müssen, gab es nichts dergleichen. Alle lebten ihr Leben einfach weiter, so gut es eben ging.

Das öffentliche Transportwesen erholte sich schnell, und Hannelore ging schon bald auf die Oberrealschule in Ludwigshafen. Erstaunlicherweise übersprang sie zwei Klassen, warum, konnte sie sich selbst nie erklären. Trudel Landsbeck – damals noch Trudel Bardens –, eine frühere Mitschülerin, meinte, das könne daher rühren, daß sie trotz ihrer Abenteuer tatsächlich weniger Schule versäumt hatte als die Kinder aus der Gegend, wo die Schulen eine geraume Zeit lang geschlossen gewesen waren. Hannelore mußte sich schwer anstrengen, um mitzukommen, schaffte es aber und wechselte später aufs Gymnasium. Der Schulunterricht in Deutschland war während des Krieges oft unterbrochen worden, denn entweder mußten die Lehrer in den Krieg, die Schulen wurden bombardiert, oder fremde Armeen besetzten sie. Und selbst nach dem Krieg waren Klassenzimmer und Lehrer Mangelware; die Schulbücher der NS-Zeit waren zwar verboten, aber an die Stelle des alten Unterrichtssystems war noch kein neues getreten. »Im Geschichtsunterricht«, so Frau Landsbeck, »da wußten die Lehrer nicht, was sie noch unterrichten durften. Also konzentrierten sie sich auf etwas Harmloses, wie zum Beispiel die Neandertalzeit.« Hannelore Renner gab Nachhilfeunterricht, um sich ein wenig Geld zu verdienen.

In der Schule hielt sie sich im Hintergrund. »Sie fiel nicht auf«, erinnert sich Frau Landsbeck. Hannelore war still, sehr verschlossen, »aber auch höflich und nett. Sie war auch fremd – wir waren alle Ludwigshafener.« Zumindest zu Beginn wurde ihr klar gemacht, daß sie Außenseiterin war. Vor allem ihr sächsischer Akzent bereitete ihr Probleme. »Es war eine Katastrophe: Sobald ich in der Schule den Mund aufmachte, ging das Gekicher los.« Sie mußte sich sehr mühen, ihren Akzent abzulegen, doch für den Rest ihres Lebens sprach sie weiterhin sehr gut sächsisch. Schon damals war sie eine genaue Beobachterin ihrer Umgebung, und sie nahm erst alles in sich auf, bevor sie mit markanten und treffenden Bemerkungen reagierte. »Es war ungewöhnlich, wie scharf sie die Leute beobachtete und bewertete«, meinte eine Freundin.

Hannelore sprach in der Schule nie von ihren Kriegserlebnissen, »aber das tat sowieso niemand. Wir wollten das alles hinter uns lassen, wir schauten nach vorn.« Die jungen Leute wollten Spaß an all dem haben, was lange verboten gewesen war: Jazz, Schlagermusik und vor allem Glenn Miller. Sie wollten in einer neuen Welt leben.

Und sie wollten tanzen. Trudel Landsbecks beste Freundin war ein attraktives, dunkelhaariges Mädchen namens Edith Rohr, und Edith ging mit einem großgewachsenen, lebhaften katholischen Burschen namens Helmut Kohl aus. Die beiden beschlossen, für ihre beiden Schulklassen Tanzstunden zu organisieren. Ludwigshafen war durch die Luftangriffe völlig zerstört worden, doch sie fanden in der Wirtschaft »Zum Weinberg« an der Luitpoldstraße in Friesenheim einen Saal, der verschont geblieben war. Der Saal war schlicht und sehr kalt, der Wirt hatte nicht genug Heizmaterial, also mußten die jungen Leute mitbringen, was sie an Briketts oder Holz auftreiben konnten, um den Raum zu heizen. Und natürlich lernten sie nicht nur Tanzschritte, sondern auch Benimmregeln. Zu Beginn des Unterrichts wurden die Mädchen an einer Seite des Saals aufgereiht, die Jungen an der anderen. Auf die Aufforderung hin: »Partnerwahl, bitte«, standen die Jungen auf und näherten sich auf breiter Front quer durch den Saal den Mädchen. Man kann sich gut vorstellen, welche Ängste Hannelore, Trudel und sicher auch viele andere durchlitten, sie könnten sitzenbleiben. Hannelore hätte sich da keine Sorgen machen müssen. Zwar trug sie – zu ihrer Verärgerung – den Spitznamen »Pfannkuchen«, wegen ihrer weit auseinanderstehenden und markanten Wangenknochen, aber sie war hübsch. Sie trug ihr blondes Haar nun offen und hatte Verehrer.

Zu diesen gehörte auch Helmut Kohl, und seine Aufmerksamkeit richtete sich immer deutlicher auf sie. Hannelore war er ein paar Monate früher auf einem Klassenfest im »Weinberg« aufgefallen. Seinen ersten Biographen, Werner Filmer und Heribert Schwan, erzählte sie, daß sie mit einem Bekannten zu einem Klassenfest des Leuschner-Gymnasiums gegangen sei. »Während des Abends ging plötzlich das Licht aus. Als die Lampen wieder aufleuchteten, fehlte auf dem Tische die einzige Flasche Wein, die ihr Mitschüler organisiert hatte. Ein lebhaftes Wortgefecht entstand. Vom Nachbartisch mischte sich auch Kohl ein. Dem fünfzehnjährigen Mädchen fiel er mit frechen, flotten Sprüchen auf, die sie in Harnisch brachten. ›Was ist denn das für ein unverschämter Kerl?‹« erkundigte sie sich bei Freunden.

Kohls Liebelei mit Edith Rohr ging zu Ende. Auch Edith hatte viele Verehrer und vielleicht, so erinnert sich Frau Landsbeck, »hat sie den einen oder anderen ein wenig zu oft angelächelt«, was Helmut Kohl überhaupt nicht gefiel. Als der Tanzunterricht begann, war es für Hannelore, so ihre Worte, »Liebe auf den zweiten Blick«. »Seit ihrer ersten gemeinsamen Tanzstunde im Herbst 1948 waren sie unzertrennlich«, schrieben Filmer und Schwan. Er war achtzehn, sie erst fünfzehn. »Sie war eine gute Tänzerin und er war – erstaunlicherweise – ein unglaublich eleganter Tänzer«, meint Klaus Hoffmann, ein Journalist, der die beiden schon seit jenen Tagen kennt. »Er war auch gutaussehend, fast ein Beau.« Häufig tanzten sie zu Glenn Millers »In the Mood«, und von da ab rief dieses Stück bei ihnen stets liebe Erinnerungen an die Tanzstunden wach (die Gaststätte »Zum Weinberg« existiert noch heute, doch der Saal dahinter, in der Hannelore mit ihrem Helmut tanzte, ist verkauft worden und beherbergt heute die Kapelle der koreanischen Baptistengemeinde der Stadt).

Kohl war der geborene Wortführer und hatte großes Talent darin, Streiche auszuhecken. Eines Fastnachts, so erinnert sich Friedrich Schillinger, ein früherer Klassenkamerad, hatten die Jungen einen Tag schulfrei, die Mädchen in Hannelores Schule aber nicht. Auf Kohls Betreiben hin verkleideten sich die Jungen – Kohl trug Zylinder und Frack –, setzten Masken auf und stürmten die Mädchenschule. Sie fanden eine Gelegenheit, den Schlüssel zur Aula an sich zu bringen, rannten durch die Korridore in die Klassenzimmer, küßten die verwirrten Lehrerinnen und riefen den Mädchen zu, sie in die Aula zu begleiten und zu feiern. Diese folgten ihnen wie Hamelns Kinder dem Rattenfänger, sie verließen die Klassenzimmer und versammelten sich in der Aula. Die Jungen schlossen von innen ab, dann setzte sich jemand ans Klavier, und sie tanzten. Die Direktorin, »die keinen Spaß verstehen wollte«, war völlig außer sich und drohte, die Polizei zu rufen – ob diese tatsächlich einschritt, weiß Friedrich Schillinger nicht. Als erheblich wirkungsvoller stellte sich heraus, daß sie die Klassenlehrer zu sich bestellte, die schließlich einen vernünftigen Kompromiß aushandelten – eine Stunde Vergnügen, danach mußten die Jungs vernünftig sein und wieder verschwinden.

Klaus Hoffmann erinnert sich daran, daß Kohls Werben keineswegs so leicht war, wie man sich das vorstellen mag. »Das hing mit ihrem Charakter zusammen. Sie ist sehr scheu gewesen, sie hielt sich stark zurück und war sehr streitbar. Es war sehr schwer, an sie heranzukommen, sie gehörte nur sich selbst, sie war eine ganz eigenwillige Frau.« Ihr Instinkt, sich abzuschotten, hatte seiner Meinung nach »mit ihren Lebenserfahrungen im Osten« zu tun. Ihre Zurückhaltung, nimmt Hoffmann an, »war sehr anziehend für junge Männer« – für Helmut

Kohl stellte sie zweifellos eine Herausforderung dar. »So entschloß er sich zu der strategischen Operation, die unnahbar erscheinende Protestantin aufzuschließen.« Er machte sich daran, wie er sich späterhin auf politische Ziele konzentrierte – »er hat alles eingesetzt, er hat seine ganzen Freunde mitverpflichtet«. Sie mußten ein gutes Wort für ihn einlegen, Botschaften weitergeben. Er schickte ihr Telegramme und schrieb Briefe, viele Briefe, etwa drei bis vier Stück pro Woche, und das über elf Jahre hinweg. »Ob er ihr tatsächlich etwa zweitausend Briefe geschrieben hat, wie behauptet wurde, weiß ich nicht«, sagt Hoffmann, »aber es waren sehr, sehr viele.«

Offenbar erkannte Helmut Kohl, bewußt oder instinktiv, daß Hannelore eine Frau war, die stets loyal, zuverlässig und pflichtbewußt sein würde. Eines seiner größten Talente, in jungen Jahren zumal, war sein Instinkt, Menschen zu erkennen und einzuspannen, die ihn auf seinem weiteren Werdegang loyal unterstützten und ihm dienten, und das taten viele. Vielleicht waren manche zu gut oder zu unabhängig und entzogen sich später wieder seiner Kontrolle. Dies galt für Kohl als der Gipfel der Undankbarkeit und Untreue, in seinen Augen die größten Verbrechen, und er verzieh diesen Menschen nie. Seine glänzendste Wahl jedoch traf er sicher mit zwei Frauen – Hannelore und seine herausragende Sekretärin Juliane Weber –, ohne die er es vielleicht nie bis an die Spitze geschafft hätte. Zwar unterschieden sich beide Frauen charakterlich sehr stark, doch waren beide hochintelligent, energisch und bemerkenswert unabhängig in ihrem Denken; sie erwiesen sich keineswegs als unterwürfig, dienten ihm aber stets treu.

In jenen Jahren direkt nach dem Kriege »auszugehen« war keine leichte Aufgabe – wohin denn, und was dann tun? »Wir mußten versuchen, die kleinen Freuden des Lebens zu finden«, meinte Hoffmann. »Wir haben uns gegenseitig geholfen.« Da ein Großteil Ludwigshafens zerstört war, suchten sie die Dörfer rund um die Stadt ab, die weniger betroffen gewesen waren und in denen sich vielleicht eine noch funktionierende Gaststätte finden ließ. »Es war keine städtische, es war eine ländliche Liebe«, einfach, aber nicht minder wunderschön. »Es war eine schöne gemeinsame Jugend, ich mochte ihn schon damals«, gestand Hannelore der Journalistin Sabine Gräfin Nayhauss viele Jahre später. Und ganz verträumt wiederholte sie: »Es war so schön ...«

Kohl war in Friesenheim geboren und aufgewachsen, nicht weit vom »Weinberg«. Friesenheim liegt in einer Gegend voller kleiner, recht attraktiver Arbeiterhäuschen, beherrscht von der riesigen, geruchsbelästigenden Badischen Anilin- und Soda-Fabrik (BASF), die zwischen ihnen und dem Rhein liegt. Friesenheim hatte, und hat noch heute, eher den Charakter eines Dorfes denn eines Stadtteils. Helmuts Vater Hans Kohl war Finanzbeamter. Helmut war das jüngste Kind, acht Jahre jünger als seine Schwester Hildegard, vier Jahre jünger als sein Bruder Walter. Sie lebten in einem geräumigen Haus in der Hohenzollernstraße, das seine Mutter Cäcilie von ihrem Vater geerbt hatte. Auch Helmut hatte grauenhafte Erinnerungen an den Krieg. Schon am Vorabend des Einmarsches in Polen am 1. September 1939 hatte Hans Kohl, der Reserveoffizier war, seinen Einberufungsbefehl erhalten und mußte die Familie ihrem Schicksal überlassen. Kurz darauf wurde Walter siebzehn, kam damit ins wehrfähige Alter und meldete sich, zweifellos unter dem Einfluß des patriotisch gesinnten Vaters, freiwillig zur Luftwaffe. Hans Kohl kehrte später verwundet heim, doch Walter sollte im Krieg bleiben. Er kam ums Leben, als ein Bomber in der

Nähe von Haltern an der holländischen Grenze neben dem Eisenbahnzug abstürzte, der seine Einheit transportierte. Der Tod seines Bruders war für Helmut Kohl das erschütterndste Kriegserlebnis. Er verwand diesen Verlust nie ganz; sein ganzes Leben lang symbolisierte er für ihn den Krieg und all die Lehren, die daraus zu ziehen waren.

Nacht für Nacht donnerten die Bomber über ihre Köpfe hinweg und luden Tonnen von Spreng- und Brandbomben auf die Stadt ab. Da der Großteil der wehrfähigen Männer im Krieg war, mußten Helmut und andere Jungen – sie waren erst zwölf – bei der Brandbekämpfung helfen; häufig retteten sie grausam Verstümmelte aus den Flammen oder bargen verbrannte Leichen aus den Trümmern. Ihre Schule wurde ausgebombt, und die Kinder mußten zweiundzwanzig Kilometer weit nach Speyer fahren, doch wurden diese Fahrten häufig durch Luftalarme unterbrochen, und sie mußten in Luftschutzkellern Zuflucht suchen. 1944 wurden Helmut und seine Klassenkameraden zur vormilitärischen Ausbildung in ein Wehrertüchtigungslager nach Berchtesgaden verschickt, doch auch dort war es kaum sicherer als in Ludwigshafen, denn die Alliierten wußten, daß es sich um ein Rückzugsgebiet für Hitler und die Parteiführung handelte, und flogen dementsprechend ihre Angriffe. Schließlich begingen Hitler und seine in aller Eile angetraute Eva Braun Selbstmord – auch wenn über Radio verkündet wurde, er sei beim Kampf um Berlin gefallen. Für die Jungen bedeutete dies das Ende des Krieges. Helmut machte sich mit ein paar Freunden zu Fuß auf den Rückweg nach Ludwigshafen – ein fünfwöchiges Unterfangen voller quälender Erlebnisse, doch als er dort eintraf, fand er seine Eltern lebend und sein Zuhause unbeschädigt vor.

Wegen des Krieges waren Helmut und Hannelore wie Millionen ihrer Altersgenossen sehr schnell erwachsen geworden. Man hatte sie ihrer sorglosen, schwärmerischen Jugendjahre beraubt. »Dieses unmittelbare Erleben von Krieg, Tod und Zerstörung hat uns Kinder geprägt, aber von Kindheit im üblichen Sinne des Wortes konnte bei uns keine Rede mehr sein«, sagte Helmut Kohl später. »Man wurde viel zu früh erwachsen – fast über Nacht«, merkte Hannelore an. »Schon als Kinder war man mit allen Gemeinheiten des Lebens konfrontiert. Das hat uns allen eine Patina gegeben, die niemand mehr abkratzen kann.«

Schon in jungen Jahren interessierte sich Helmut Kohl für Politik und hatte große Ambitionen, sich damit einen Namen zu machen. Er half bei der Gründung der Jungen Union in Ludwigshafen und schloß sich der CDU an. Zu Beginn hatte Hannelore keinerlei Interesse an der Politik. »Ich brauchte alle Kraft für mich und habe mich tunlichst herausgehalten aus allem Politischen«, meinte sie zu Dieter Zimmer bei einem Interview zu seinem Buch »Deutschlands First Ladys«. »Dieses elementare Erleben bei Kriegsende hatte ein Gefühl der Ungerechtigkeit in mir aufgebracht. Man fühlte sich als Spielball. Und Politik hatte ja den Krieg zum Ergebnis gehabt. Das alles hat mich in dieser Zeit nur an die wichtigen Dinge des Lebens für mich selbst denken lassen. Das sage ich ganz ehrlich.« Erst nachdem sie Helmut Kohl schon ein paar Jahre kannte, entwickelte sie selbst Interesse für Politik.

Das Paar hatte noch einen langen Weg vor sich, bevor es an so etwas wie Heirat denken konnte, und viele Jahre lebten die beiden in verschiedenen Städten getrennt voneinander. Helmut Kohl studierte Geschichte und Rechts- und Staatswissenschaft an den Universitäten in Frankfurt und Heidelberg. Außerdem mußte er zusätzlich arbeiten, um mit dem Geld, das seine Eltern ihm gaben, auch auszukommen. Als Schuljunge verdiente er sich ein Taschengeld mit der Aufzucht von Kaninchen und Seidenraupen, später sammelte er Flußkrebse und verkaufte sie an die BASF-Werksküche. Als Student hatte er eine Reihe von Jobs, auf Baustellen, an der Tankstelle, in der Fabrik. Der beste, wenn auch vielleicht der schmutzigste Job war der als Steinschleifer bei BASF – sechs Jahre lang arbeitete er in den Semesterferien dort und sprang für die regulären Arbeiter ein, wenn diese Urlaub hatten.

Hannelore mußte die Schule beenden und hoffte darauf, ebenfalls an die Universität zu dürfen – sie war in Mathematik auffallend gut und hätte gern Mathematik und Physik studiert. »Bauingenieur, Statiker, Architekt – das wären meine Träume gewesen«, enthüllte sie Dieter Zimmer. Doch die Familie konnte sich ein langwieriges und teures Studium nicht leisten, also studierte sie statt dessen Sprachen – »weil es schneller ging« – am Spracheninstitut der Universität Mainz in Germersheim. Ihr Vater war darum bemüht gewesen, sich eine neue berufliche Existenz aufzubauen, und hatte ein eigenes Ingenieurbüro eröffnet. Da er sich eine Sekretärin nicht leisten konnte, hatte Hannelore schon als Schulmädchen in seinem Büro ausgeholfen. Unterlagen zeigen, daß er im Sommer 1951 in Ulm lebte, später dann in der Mörikestraße in Leinfelden bei Stuttgart, wo im September 1952 die ganze Familie offiziell angemeldet wurde. Kaum einen Monat später erlag er unerwartet einem Herzinfarkt. Für Frau Renner und ihre Tochter war dies ein schwerer Schlag, denn sie hatten keinerlei Einkommen, keine Rente, nichts. Hannelore mußte ihr Studium in Germersheim abbrechen. Eine Zeitlang ging sie als Au-pair-Mädchen nach Paris, um ihr Französisch zu verbessern. Während ihres Aufenthaltes dort tauchte eine Gruppe junger Burschen aus Ludwigshafen auf, überflüssig zu erwähnen, daß sie von Helmut Kohl angeführt wurde. Sie standen vor einem Café, und Helmut prahlte vor seinen Freunden damit, daß er hineingehen und in fünf Minuten eine junge Französin aufgabeln könne. Und tatsächlich erschien er zu ihrem Erstaunen und ihrer Bewunderung mit einer hübschen Blondine am Arm. Die Französin, sagte Hannelore, »war natürlich ich«.

Sie kehrte nach Deutschland zurück, nahm kurzzeitig eine Anstellung in einem Stuttgarter Verlag an und lernte Stenographie und Maschinenschreiben. Dann zogen ihre Mutter und sie nach Ludwigshafen, wo Hannelore sie beide als Fremdsprachenkorrespondentin für Französisch und Englisch bei BASF ernährte.

Sie und Helmut entschieden, erst dann zu heiraten, wenn sie ein eigenes Haus hätten. Das war so üblich in der Pfalz und der Grund dafür – wie Klaus Hoffmann erläutert –, daß viele Pfälzer Männer erst sehr spät heirateten; sie mußten zunächst beruflich Fuß fassen und genügend Geld verdienen, um ein Haus kaufen und eine Familie ernähren zu können. Gut möglich, daß für die entwurzelte Hannelore ein eigenes Heim besonders wichtig war. Helmuts Eltern hatten Hannelore in der Zwischenzeit herzlich aufgenommen und ließen dem vaterlosen Flüchtlingskind viel Zuneigung und Unterstützung zuteil werden. Sie waren recht liberal gesinnt, und die Tatsache, daß die zukünftige Schwiegertochter Protestantin war, stellte kein Problem für sie dar.

1958 war Helmut Kohl soweit, seine Dissertation einzureichen. Das Thema war ganz nach seinem Herzen: »Die politische Entwicklung in der Pfalz und das Wiedererstehen der Parteien nach 1945.« Hannelore tippte das Manuskript ab, und nachdem die Arbeit mit einem »cum laude« befriedigend bewertet worden war, war er fortan Dr. Helmut Kohl. Zu jenem Zeitpunkt erbrachten seine vielfältigen Aktivitäten in der Lokal- und Regionalpolitik, die er neben dem Studium und seinen verschiedenen Jobs absolvierte – seine Energie und sein Durchhaltevermögen waren phänomenal –, keine ernsthaften Einnahmen und boten keine Sicherheit. Er mußte seine Einkünfte auf eine solidere Basis stellen und arbeitete erst als Direktionsassistent in einer Eisengießerei, die Willi Mock, einem Freund, gehörte. Mock hatte ihn eingestellt, um dem intelligenten jungen Mann beim Start ins Berufsleben zu helfen. Dies ermutigte das Pärchen so sehr, daß sie sich 1958 auf einer Reise an den Neusiedler See verlobten. Kaum war ein Jahr seit dem Eintritt in Mocks Firma vergangen, wurde Kohl Referent im Rheinland-Pfälzischen Landesverband der Chemischen Industrie, deren obere Köpfe wohl darauf spekulierten – zu Recht, wie sich herausstellen sollte –, daß es auf lange Sicht von Vorteil sein könnte, diesen offenkundig vielversprechenden jungen Politiker zu beschäftigen. Jedenfalls erlaubten sie ihm, seiner Arbeit neben seinen politischen Aktivitäten nachzugehen und von seinem Büro aus CDU-Interessen zu verfolgen; späterhin sollte er im Gegenzug der Industrie behilflich sein. Ein weiterer entscheidender Vorteil der Anstellung bestand in der Entlohnung: 1000 DM im Monat, später 3000 DM. Dies war ein entscheidender Schritt hin zur Eheschließung.

Hannelore Renner erhielt eine Zahlung aus dem Lastenausgleichsprogramm; die beiden hatten zudem fleißig gespart. Dennoch langte die angesparte Summe nicht aus, um das bescheidene Haus sofort zu bezahlen, das sie sich in der Tirolerstraße in der Gartenstadt, einem der hübscheren Nachkriegsvororte Ludwigshafens, bauten. Sie mußten Kredite dafür aufnehmen, und bis diese getilgt waren, lebten sie mehrere Jahre lang äußerst genügsam und leisteten sich keinen Urlaub.

Im Rückblick erkannte sie die Gründe, warum sie sich von Helmut Kohl angezogen gefühlt hatte – er war für sie eine Art Vaterfigur, stark, selbstbewußt, ernst – ein Mann, auf den sie sich verlassen konnte. »Mein Mann war schon damals eine starke Persönlichkeit. Mit ihm fühle ich mich so geborgen und sicher. Ich hatte meinen Vater früh verloren, war entwurzelt und ohne jede Möglichkeit, auch ohne Wohnung«, verriet sie Gräfin Nayhauss.

Gegensätze ziehen sich an – bei ihnen ergab sich eine Kombination aus unterschiedlichen, aber sich ergänzenden Temperamenten –, er rheinisch, katholisch, fröhlich und gesellig, sie eher der nördliche Typ, »preußisch«, protestantisch. Eheschließungen zwischen Protestanten und Katholiken, zumal kirchliche Trauungen, waren zu jener Zeit erheblich seltener und wurden noch stirnrunzelnd betrachtet, und auch in ihrem Falle hatten einige der bigotteren Parteimitglieder ihre Zweifel angesichts ihrer Heirat. Die katholische Kirche sah dies ebenfalls nicht gern, doch Kohl bearbeitete mit der ihm üblichen Energie und Entschlossenheit die örtlichen Kirchenoberen, bis sie ihre Zustimmung erteilten – was ihm im Gegenzug den Ruf eines unkonventionellen und progressiven jungen Politikers einbrachte. Hannelores Eltern mögen wohl nicht sehr religiös gewesen sein – sie bemerkte einmal, sie hätten ihr keinen soliden religiösen

Unterbau mitgegeben. Sie begleitete ihren Gatten oft zu den katholischen Gottesdiensten, und ihre Kinder wurden im katholischen Glauben erzogen, doch sie blieb ihr ganzes Leben lang Protestantin, vielleicht auch um damit ihrer beider Unterstützung für interkonfessionelle Ehen zu unterstreichen. Am 27. Juni 1960 gaben die beiden sich bei den Trauungsfeierlichkeiten, die Pfarrer Ruprecht Ripp in ihrer Gemeindekirche St. Josef in Friesenheim abhielt, das Jawort. Fräulein Hannelore Renner, die ein kurzes weißes Hochzeitskleid mit Schleier trug, wurde Frau Hannelore Kohl und zog mit ihrem Mann in ihr gemeinsames Haus.

3

Wie alle ihre Schulfreundinnen, und wie nahezu alle jungen Frauen ihrer Zeit, gab sie ihren Beruf auf, als sie heiratete. »Ich komme aus einer Generation, in der sich die Frage der Berufstätigkeit für eine verheiratete Frau einfach nicht so stellte. Es gab einfach keine Rezepte für eine Frau mit Kindern«, sagte sie.

Ihre Frauengeneration stand unter dem ungeheuren Druck, sich wieder aufs Heim beschränken und sich ganz mit der Rolle als Nurhausfrau und Mutter zufriedengeben zu müssen. Die Kleinfamilie – Vater, Mutter und durchschnittlich zwei Kinder – wurde in den Fünfzigern als ideale – und recht eigentlich als die einzig denkbare – Grundeinheit der Gesellschaft angesehen. Von den Frauen wurde erwartet, daß sie in der Kindererziehung und im Haushalt ihre Erfüllung fanden, während ihre Männer den Unterhalt verdienten und als Familienvorstand fungierten. Sie wurden aus ihren Berufen gedrängt, um den Männern Platz zu machen, die aus dem Krieg heimkehrten. Einige kehrten erleichtert an den Herd zurück, andere nur zögerlich. Arbeitenden Frauen wurde häufig gekündigt, wenn sie heirateten, und nur wenige fanden dies skandalös.

Darin lag auch eine Reaktion auf die Wirren des Krieges und der Nachkriegsjahre. Der Krieg hatte nicht nur Millionen Menschen das Leben gekostet, Häuser und Städte zerstört, sondern auch unzählige Ehen und Familien zerrüttet.

Viele Männer waren geistig oder körperlich gebrochen aus dem Krieg heimgekehrt, ihre Frauen hatten sich womöglich andere Männer genommen, Paare – von denen viele übereilt geheiratet hatten – hatten sich auseinandergelebt. Frauen, die während des Krieges Arbeit fanden und ganz allein trotz aller Widrigkeiten die Kinder großgezogen und den Haushalt geführt hatten, waren nicht länger gewillt, sich der »Autorität« des Ehemanns zu unterwerfen. Die Scheidungsrate schoß in die Höhe.

Doch als Hunger und Entbehrungen mit der Währungsreform zu Ende gingen, als die wirtschaftliche Lage sich verbesserte und das Leben ganz allgemein erträglicher wurde, war der Wunsch nach einem »normalen«, gesunden, stabilen Familienleben groß. Die Kirchen, allen voran die katholische Kirche, hielten die Ehe und die Familie als »Stiftung Gottes« hoch, sie galt als ewig und unauflöslich. Franz-Josef Wuermeling, der erste Familienminister des Landes, mit dem sich Hannelores frisch Vermählter bereits politisch angelegt hatte (wenn auch nicht in Familienfragen), war Katholik, hatte fünf Kinder, und auch dessen politischen Wurzeln lagen in der Pfalz. Wuermeling verkündete, daß »der Lebensinhalt, den uns die Familie gibt, und die Gesinnung, die sie prägt, ... letztlich auch das Fundament unserer inneren Widerstandskräfte gegen die Weltgefahr des Kommunismus« seien. Der Ehemann, so Wuermeling, besitze eine »natürliche Autorität« über Frau und Kinder. Frauen könnten ihre »Selbsterfüllung« nur im Muttersein voller Selbstaufgabe und Verzicht finden. Für Wuermeling bestand »Frau sein« darin, »verständnisvolle Lebensbegleiterin des Mannes und Vaters« zu sein.

Zeitschriften verbreiteten unzählige Anzeigen, auf denen

junge Hausfrauen mit Wespentaillen und weiten Röcken abgebildet waren, wie sie dieses oder jenes neue Haushaltsgerät benutzten, um ihrem hocherfreuten Gatten ein köstliches Essen zuzubereiten, oder über saubere, ordentliche Kinder wachten. Artikel erteilten Ratschläge, wie man sich einen Mann angelte und wie man den Haushalt führte, wenn man erst mal einen geangelt hatte. Doch all dies spiegelte, wenn auch vielleicht in verstärktem Maße, nur die vorherrschende Stimmung jener Zeit wider. Für die meisten jungen Frauen gehörte es tatsächlich zu den höchsten Zielen, zu heiraten und fürderhin glücklich zu leben – für diejenigen, die derart existentielle Kriegserlebnisse hatten wie Hannelore Kohl, war dieser Wunsch wohl um so stärker. Die Alternative war ja auch eher fürchterlich: Unverheiratet zu bleiben hieß, eine alte Jungfer zu werden, eine Frau, die es nicht geschafft hatte, einen Mann zu bekommen, und deren Schicksal es nun war, am Rande der Gesellschaft zu stehen, zusammen mit Witwen und geschiedenen Frauen, von allen bemitleidet.

Tatsächlich arbeiteten viele verheiratete Frauen – etwa vier Millionen von ihnen waren zu der Zeit, als Hannelore ihre Arbeit aufgab, beschäftigt, entweder aus finanzieller Not oder aus dem Wunsch heraus, sich die neuen Verbrauchsgüter – Kühlschränke, Waschmaschinen und ähnliches – leisten zu können, die es nun zum ersten Mal zu kaufen gab. Doch wurden ihnen ungeheure Schuldgefühle aufgeladen, denn man warf ihnen vor, Heim und Kinder zu vernachlässigen. Widerstand gegen diese Vorwürfe war selten, der Anpassungsdruck immens, und die meisten Frauen sahen sich nicht als Individuen, die ein Recht auf Selbstbestimmung hätten. Zu dieser Zeit begannen einige Amerikanerinnen diese Konventionen in Frage zu stellen. So beschrieb die Psychologin Betty Friedan das »Problem ohne Namen«, jenes stille, uneingestandene Unglücklichsein von Millionen von Frauen angesichts eines Lebensstils, bei dem es sich angeblich um ihr naturgegebenes Schicksal handelte. Die Frauenbewegung wuchs langsam, aber stetig.

1960 fand es Hannelore Kohl sehr schwer, ihre Arbeit aufzugeben – »die Umstellung war gewaltig« –, und sie gestand ein, daß ihr zu Beginn der Ehe manchmal die Decke auf den Kopf fiel. »Aber ich habe mich nicht so wichtig genommen, daß ich mich hätte ›selbstverwirklichen‹ müssen.« Sie wollte ja Mutter und Hausfrau sein, und dabei handelte es sich um eine aktive Entscheidung, nicht reine Anpassung. Wahrscheinlich beruhte diese Entscheidung ebenso auf ihren frühen Kindheitserlebnissen wie auf den Konventionen jener Zeit. »Die Kraft, die ich habe, setze ich für diese Lebensphase ein und halbiere sie nicht«, sagte sie.

Sie gebar ihren ersten Sohn Walter, benannt nach Helmut Kohls älterem Bruder, der im Krieg gefallen war, 1963, ihren zweiten, Peter, 1965. Sie waren ihr Lebensmittelpunkt, sie widmete sich ganz ihnen und ihrem Zuhause, bis sie die Schule beendet hatten. »Die Kinder waren ihr ein und alles«, meint Klaus Hoffmann. Sie war gewillt, ihnen eine vollkommen normale Kindheit zuteil werden zu lassen, unbeeinflußt von der öffentlichen Rolle ihres Vaters. Sie wollte nicht, daß sie direkt oder indirekt für die Taten ihres Vaters gestraft würden, aber sie sollten auch nicht hochnäsig werden oder ihren Namen mißbrauchen, um sich irgendwelche Vorteile zu verschaffen. »Ich will zwei Kinder großziehen, die unverdreht und gerade ihren Weg gehen«, sagte sie. Als gewissenhafte Mutter und scharfsinnige, wissenschaftlich interessierte Frau, die als Kind in der Schule stets Einsen in Mathematik nach Hause gebracht hatte, belegte sie einen Kurs in Mengenlehre, um ihnen auch darin bei den Hausaufgaben helfen zu können, und war Mitglied des Elternrats in einer ihrer Schulen. Nun hatte sie die Familie, die sie sich gewünscht hatte. Worauf sie allerdings nicht gefaßt gewesen war, so schien es zumindest, war die Rolle als Gattin eines Berufspolitikers.

Im nachhinein scheint es offenkundig, daß die Politik Helmut Kohls Bestimmung war und er es bis an die Spitze schaffen sollte. Als Schüler schon war er ungeheuer aktiv, und bereits mit sechzehn trat er in die CDU ein – und selbst während des Studiums brachte er es nicht über sich, seine Aktivitäten einzuschränken, was wohl erklärt, warum sein Studium acht Jahre dauerte. Selbst während seiner Jahre bei Mock und dem Chemieverband galt der Politik seine erste Liebe. Dies waren die ersten Jahre seines kometenhaften Aufstiegs durch alle Ebenen der Lokal- und Regionalpolitik, und er machte keinen Hehl daraus, daß er beabsichtigte, »der erste Mann im Land« zu werden. Gegen Ende 1960, dem Jahr, in dem er und Hannelore heirateten, hielt er verschiedene Positionen in den Orts-, Kreis- und Bezirksorganisationen der Partei inne und war Mitglied des Präsidiums der Rheinland-Pfälzischen CDU. Er gehörte überdies dem Stadtrat von Ludwigshafen an, war Vorsitzender der Stadtfraktion seiner Partei und Mitglied des Landtages in Mainz. Da war er gerade erst dreißig.

Zu Beginn nahm Hannelore Helmuts politische Aktivitäten noch nicht so ernst. Sie konnte die Tragweite dessen nicht erfassen, was das alles für sie wohl bedeuten mochte. »Sie müssen ja sehen«, meinte sie zu Dieter Zimmer, »erst war er Stadtrat, dann Landtagsabgeordneter, Fraktionsvorsitzender. Da war er parallel ja noch im Chemieverband, das betrachtete ich als seine Hauptarbeit, da kam ja auch das Einkommen her. Und naiv, wie ich vielleicht bin, habe ich gedacht, das ist sein Standbein. Wie sich das dann zum Ministerpräsidenten entwickelte, habe ich schon gedacht: Hoppla!« Zimmer fragte sie, ob es jemals einen Punkt gegeben habe, wo sie sich grundsätzlich hätte entscheiden können. Darauf erwiderte sie: »Früher in der DDR hätte man gesagt: Genosse, die Frage ist falsch gestellt. Denn sie setzt ja voraus, daß man zu jedem Zeitpunkt alle Details der Belastung, der Verfolgung, der journalistischen Berührung, des Negativen wie natürlich auch des Positiven vorher gekannt hätte ... Man kann doch nicht urteilen über Sachen, die man noch nicht weiß. Die Tragweite des damaligen Entschlusses habe ich jedenfalls nicht überschauen können.«

Ebensowenig zu beantworten war die Frage, die ihr vielfach gestellt wurde: Ob sie jemals geheiratet hätte, wenn sie gewußt hätte, was da auf sie zukommt. Klugerweise weigerte sie sich, darauf zu antworten oder auch nur zu denken, was gewesen wäre, wenn... Politikerehen sind erheblich größeren Belastungen ausgesetzt als die meisten anderen, und nicht wenige davon gehen in die Brüche. Was auch immer geschehen mochte, sie hatte einen Politiker geheiratet und mußte sich damit auseinandersetzen. Leicht war dies nicht. »Ich habe Jahre gebraucht, bis ich unter schweren inneren Kämpfen diesen Zuschnitt unseres Lebens begriffen und gelernt habe, daß es bei der Mentalität und den Fähigkeiten meines Mannes gar nicht anders geht.«

In der Zwischenzeit verlief der Aufstieg von Helmut Kohl unaufhaltsam. Kohl brachte frischen Wind in die CDU jener

Jahre. Zwar war die Partei erst nach dem Krieg gegründet worden, doch viele ihrer führenden Köpfe waren ältere Männer und (wenige) Frauen, wie Franz-Josef Wuermeling, deren Ansichten und Haltungen in der Zeit vor den Nazis wurzelten. Viele von ihnen waren Honoratioren, ehrenwerte Lokalgrößen ohne jedes politische Talent, autoritär gesinnt und schlecht auf die neue Nachkriegsgesellschaft vorbereitet, die sich abzeichnete – »Vereinigte Kalkwerke«, wie Kohl sie einmal despektierlich nannte. Die jüngere Generation – die Kriegsgeneration – war buchstäblich fort. Ihre Mitglieder waren ums Leben gekommen oder hatten die Nase voll von der Politik, so wie sie sie kannten, sie waren erschöpft oder zu sehr damit beschäftigt, ein neues Leben aus Ruinen zu schaffen. Helmut Kohl und andere eifrige »Jungspunde« seines Alters sprangen in die Bresche und brachten neue Ideen ein.

1963, das Jahr, in dem Walter geboren wurde, begann sein Vater erheblich an Einfluß zu gewinnen. Er wurde zum Vorsitzenden der CDU-Fraktion im rheinland-pfälzischen Landtag gewählt, eine Position, die erhebliche Macht mit sich brachte. Sein Ziel war es, den Ministerpräsidenten Peter Altmeier, einen hochangesehenen, aber starrköpfigen, autoritären Mann der alten Garde, aus dem Amt zu heben und dessen Posten selbst zu übernehmen. Als Fraktionsvorsitzender pflegte Kohl gute Beziehungen mit den oppositionellen Sozialdemokraten und Liberalen, und mit ihrer Hilfe drückte er zwei der wichtigsten Gesetze durch, die damals mit seinem Namen verbunden waren. Eines davon diente dazu, die anachronistischen und unwirtschaftlichen konfessionellen Zwergschulen zu Christlichen Gemeinschaftsschulen zu verschmelzen, das andere der Reorganisation der 2460 Städte und Gemeinden des Landes in 212 Verwaltungsbezirke mit dem Ziel, die Qualität und die Dienstleistungen der Kommunalverwaltungen zu verbessern. Beide Vorhaben lösten bittere Proteste des Klerus und der erbosten Bürgermeister aus, doch erwiesen sich beide Gesetze als höchst erfolgreich, und die landesweite Verwaltungsreform galt gar als nachahmenswertes Modell für andere Länder.

Drei Jahre später, 1966, wurde Helmut Kohl Landesvorsitzender der CDU Rheinland-Pfalz, ein Amt, das zuvor Altmeier innehatte; damit war er der mächtigste Mann seiner Landespartei. Und nicht nur das: Aufgrund seiner Position war er automatisch Mitglied des Bundesvorstands der CDU. Er hatte den Fuß auf die erste Sprosse seiner bundespolitischen Karriereleiter gestellt.

Als die CDU 1967 bei den Landtagswahlen ein gutes Ergebnis erzielte, hätte Helmut Kohl den Posten des Ministerpräsidenten für sich einfordern können, doch der normalerweise so ungeduldige Mann hielt sich zurück. Es war noch zu früh. Der Wochenzeitung »Christ und Welt« zufolge spürte er, daß »ein allzu rasches Avancement nur denjenigen recht geben könnte, die in ihm einen hemdsärmeligen Machtpolitiker sehen, der nur auf seinen eigenen Vorteil bedacht ist«. Er ging einen Handel mit Altmeier ein, woraufhin dieser weitere zwei Jahre im Amt bleiben sollte, um dann zurückzutreten und Kohl Platz zu machen. Die zwei Jahre vergingen, doch Altmeier hatte anscheinend seine Meinung geändert. Er wurde derart aus dem Amt gestoßen, daß er vollkommen verbittert abtrat. Das verzieh er Helmut Kohl nie. Doch dieser hatte nun sein erklärtes Ziel erreicht. Er gab seine Stelle beim Chemieverband auf, um sich ganz der Politik zu widmen. Seine siebenjährige Amtszeit als Ministerpräsident zählt zu den erfolgreichsten und lohnendsten Abschnitten seiner gesamten politischen Karriere.

Mit sechsunddreißig fand sich Hannelore Kohl also in der Rolle der Landesmutter von etwa 3 600 000 Landeskindern wieder. Da ihre eigenen Kinder aber noch klein waren, hielt sie sich lieber im Hintergrund, konzentrierte sich auf das häusliche Leben in Ludwigshafen und beschränkte die offiziellen Auftritte auf ein Minimum. Sie zählte nicht viel in der politischen Szene von Mainz. »Ich kannte sie, aber ich kannte sie nicht ...«, »Ich kann wirklich nicht sagen, daß ich sie kannte. Ich habe sie sehr selten gesehen ...«, »Ich habe sehr wenig mit ihr zu tun gehabt«, so kann man die engsten Mitarbeiter aus Helmut Kohls frühen Jahren sagen hören. Sie hatten wenig Kontakt mit ihr, und es ist offensichtlich, daß sie sich nur mäßig für sie interessierten.

Zweimal die Woche allerdings öffnete sie ihr Wohnzimmer in Ludwigshafen für Menschen, die sich mit allerlei Problemen an sie wandten. Dies gehörte zu Helmut Kohls neuem, transparentem, bürgernahem Stil in der Politik. In Mainz hatte er das Amt des Bürgerbeauftragten geschaffen und hielt selbst Sprechstunden, in denen einfache Mitbürger, die allerdings zuvor von seinem Stab ›durchleuchtet‹ worden waren, direkt mit ihm über ihre Probleme sprechen konnten. In Ludwigshafen empfing Hannelore Petenten, »Leute, die mit irgend etwas nicht fertig werden und Hilfe brauchen. Die trauen sich doch nicht zu einem Ministerpräsidenten. Vor Behörden haben sie Angst. Aber zu mir kommen sie schon«, erklärte sie einem Journalisten der »Bremer Nachrichten« gegenüber. Dann zählte sie einige der Hilfesuchenden auf: »Verzweifelte Mütter, deren Kinder vielleicht versagt haben und nun eine Fürsprache beim Lehrherrn brauchen, damit er es noch einmal versucht … entlassene Sträflinge, die Arbeit suchen … ältere Angestellte, die plötzlich auf die Straße gesetzt werden … Bundeswehrsoldaten, deren väterlicher Betrieb durch die Einberufung gefährdet ist … Schulen, die unter Lehrermangel leiden. Ich bin froh, daß ich bisher in neunzig Prozent der Fälle helfen konnte … Manches erledigt sich mit einem Telefongespräch von mir, manches schwillt aber auch zu einem dicken Aktenstück an.« Waren rechtliche Probleme berührt, so hatte sie einen Experten der CDU zur Hand, doch ansonsten verließ sie sich ganz auf ihren gesunden Menschenverstand. Waren die Kinder im Bett, setzte sie sich oft noch an ihren Schreibtisch und bearbeitete bis spät in die Nacht diese Fälle. Ohne Sekretärin und natürlich auch ohne Bezahlung. »Ich mache das, weil mein Mann diesen Job hat und ich seine Frau bin.«

Nach 1971 fanden diese Sprechstunden in ihrem neuen Haus in Oggersheim am Rande von Ludwigshafen statt, das sie selbst mit entworfen hatte. Es handelte sich um einen großen weißen Flachdachbau mit zwei Stockwerken, ganz im kompromißlosen Stil der Zeit, der in einem ruhigen Villenviertel in ländlicher Umgebung lag, umgeben von ähnlich entworfenen Häusern. Helmut Kohl erweckte gern den Eindruck, er lebe in bescheidenen Verhältnissen, doch in Wirklichkeit ist das Haus von einer noblen Bescheidenheit: Es umfaßt zehn Zimmer mit großen repräsentativen Räumen, wie sie einem ambitionierten Politiker anstanden, hat große Fenster, die auf den Garten hinausgehen, verfügt über eine Einliegerwohnung, in der Hannelores Mutter bis zu ihrem Tod im Jahre 1980 lebte, und einen kleinen Swimmingpool. Der Stil war modern, aber recht konventionell, beigefarbene Teppichböden mit bunten afrikanischen Teppichen, ein Couchtisch mit Steinplatte, kantige Sofas und moderne, mit Büchern vollgestopfte Regale. Den Gästen fielen Ikonen und alte Heiligenfiguren auf, und im Eingangsbereich mit den Schieferböden hingen schwere alte Kaminplatten an den Wänden. Jahrzehntelang nannten ihn seine Kritiker, allen voran »Der Spiegel«, nur den ›Oggersheimer‹, in der Hoffnung, daß dieses Wort die entsprechende Vorstellung von tristem Provinzialismus oder gar Vertrotteltheit evozieren würde. In Wahrheit ist Oggersheim eine schöne kleine Stadt, die sich deutlich von der Industrielandschaft Ludwigshafens absetzt, zu der sie gehört, und man kann sich gut vorstellen, daß man dort heimisch werden kann.

Während seiner Amtszeit in Mainz setzten auch Helmut Kohls Probleme mit seinem Bild in der Öffentlichkeit ein. Einige Politiker kommen recht gut mit den Medien aus und nehmen hin, daß eine kritische Berichterstattung zu den Widrigkeiten des Lebens gehört, das sie sich nun mal ausgesucht haben. Kohls Konflikt mit den Medien geht tiefer, weil sie seinem Machtinstinkt zuwiderhandeln. Hannes Schreiner, sein damaliger Pressesprecher, meint: »Er konnte Journalisten eigentlich von Anfang an nicht leiden. Aber er denkt, daß sie, wenn sie gut mit ihm auskommen, auch Gutes über ihn schreiben müssen. Wenn sie das nicht tun, betrachtet er das als Verrat. Journalisten entziehen sich seiner Methode, Leute anzubinden. Er hat kein Verständnis für ihre professionelle Unabhängigkeit – er versteht natürlich, daß die Presse unabhängig sein muß, kann das aber nicht auf individuelle Journalisten übertragen.«

Auch Wolfgang Wiedemeyer, Journalist und ehemaliger Pressesprecher der CDU, weist darauf hin: »Der Machtpolitiker Kohl mißgönnt den Journalisten die Macht, die sie über ihn haben.« Doch Kohl erkannte recht frühzeitig, daß er gute Kontakte zur Presse brauchte, um voranzukommen, und hatte deswegen Schreiner, den ehemaligen Sprecher der hessischen CDU, der wieder auf dem Sprung zurück in den ursprünglichen Journalistenberuf war, dazu überredet, sein Pressesprecher zu werden. Schreiner schaffte es, bei der überregionalen Presse Interesse für den jungen aufstrebenden Politiker zu wecken (die Lokalpresse, die sich Altmeier gegenüber loyal verhielt, hatte ihn nahezu ignoriert), und es dauerte nicht lange, bis Günter Gaus in »Christ und Welt« schrieb, daß es durchaus »denkbar« sei, Helmut Kohl in sechs Jahren als Kanzler wiederzusehen. 1973 schrieb das Magazin »Time« überaus weitsichtig, bei ihm handele es sich um eine jener »Führungskräfte, die das Jahrhundert verändern könnten«. Doch der schnelle Erfolg täuschte. In Mainz hatte er einige schlechte Erfahrungen gemacht, es hatte Artikel gegeben, die durchaus Schaden anrichteten und zum Großteil Ergebnis seiner unbedachten Ausdrucksweise waren, vor allem nach ein paar Gläsern Wein; hier liegen wohl die Wurzeln seines gestörten Verhältnisses zu den Medien, das sich im Verlaufe der Zeit noch erheblich verschlechtern sollte.

Möglicherweise wurde auch Hannelore Kohl von der Haltung ihres Mannes den Medien gegenüber beeinflußt, denn im Laufe der Jahre wurde ihr Wunsch, die Söhne vor dem Blick der Öffentlichkeit zu schützen, beinahe zu einer Art Besessenheit. Sie und ihr Mann waren von Anfang an entschlossen, ihr Privatleben auch privat zu halten, doch kamen sie dabei an einen Punkt, wo jede Erwähnung ihrer Kinder, wie sie selbst zugeben mußte, sie nahezu ausflippen ließ. Grund dafür war vielleicht ein Ereignis im Jahre 1975, als eine Illustrierte, deren Besitzer offenbar öffentliche Sympathie für Kohl erheischen wollte, über die gesundheitlichen Probleme eines der Kinder berichtete. Sie tobte wie eine Furie und war von da an übersensibel, wenn die Söhne auch nur erwähnt wurden. Beim ersten Bonner Presseball in der Rolle als Kanzlergattin stand sie auf der Bühne und zog die Gewinner der Tombola aus der Lostrommel, als der Conférencier eine lockere Bemerkung über ihre Söhne machte. Sie war vollkommen außer sich und drohte, auf der Stelle die Bühne zu verlassen, falls er sie noch einmal erwähnte. Peinlich berührte Stille senkte sich auf die Anwesenden herab. Was niemand wußte: Hannelore hatte gerade einen Zeitungsartikel gesehen, in dem enthüllt wurde, wo Walter, der gerade neunzehn war und seinen Wehrdienst ableistete, stationiert war. Es war die Zeit des Terrorismus in Deutschland, und sie hatte furchtbare Sorge um ihre Sicherheit. Doch auch schon in früheren Jahren, als die Jungen noch kleiner waren und Pressefotografen ins Haus kamen, verbot sie ihnen, die beiden zu fotografieren – sie verlangte hinterher die Negative zu sehen, um all die Bilder einbehalten zu können, die insgeheim gemacht worden waren, was manchmal vorkam. Bekam sie mit, daß einer von beiden fotografiert worden war, rief sie die Herausgeber der entsprechenden Zeitung an und überredete sie, die Bilder nicht zu veröffentlichen. 1991 wurde ihr Sohn Peter bei einem schweren Autounfall in Italien ernstlich verletzt. Graf Nayhauss erfuhr als erster davon, berichtete darüber, und die Meldung fand in den Medien großes Echo. Das sollte ihm nie verziehen werden. »Später, auf einem Flug, kam sie zu mir. ›Können wir mal nach hinten gehen?‹«, schrieb er in seinem Buch »Bonn vertraulich«. »Und da hat sie mich wirklich mit Tränen in den Augen beschimpft – daß ich nicht Rücksicht nehmen würde auf die Privatsphäre ihrer Familie, und gerade ich, der ich wüßte, wie sie immer darauf bedacht sei, ihre Jungs aus dem Geschäft rauszuhalten. Ich sagte Frau Kohl, es war doch ein Unfall. Damit ist es von öffentlichem Interesse. Sie hat geweint. Aber ich bin bei meinem Urteil geblieben, ohne zu zögern.«

Allerdings bleibt zu erwähnen, daß natürlich einige Fotos ihrer Jungs veröffentlicht wurden, und zwar mit Erlaubnis der Eltern: Bilder von der glücklichen Familie, mit strahlenden, gesunden Söhnen, hübscher Mutter und lächelndem Vater, Bilder, auf die jeder Politiker stolz wäre und die den Wählern zu Herzen gehen.

Für Außenstehende ist es unmöglich, eine Ehe zu analysieren – und auch vielen Paaren fällt es schwer, ihre eigene Beziehung zu sezieren. Die Ehe der Kohls, vor allem die Familie, scheint ihnen beiden sehr wichtig gewesen zu sein, wenn auch auf sehr verschiedene Weise. Sei dem, wie es will: eine Ehe, die einundvierzig Jahre lang hält, hat ihre Höhen und Tiefen, sie entwickelt und verändert sich. Die Springer-Presse, allen voran die »Bild«, stellte sie gern als glücklich und friedlich dar, um sie so in scheinbaren Gegensatz zum Eheleben des Kanzlers Gerhard Schröder und des Außenministers Joschka Fischer zu bringen. Kohls Gegner betrachteten die Beziehung als ausbeuterische Lebenslüge. Doch Hannelore Kohl selbst sprach viele Male über ihre Ehe, und es gibt keinen Anlaß, an ihrer Ehrlichkeit zu zweifeln. Vielleicht hat sie über einige Aspekte geschwiegen, doch unternahm sie nicht einmal den Versuch, die Tatsache zu leugnen, daß es Schwierigkeiten gab, trotz ihrer nie nachlassenden Loyalität zu ihrem Gatten.

»Es kommen schon Zeiten, da kocht es in einem hoch; wer in diesen Schuhen steht und davon weiß, der würde einfach lügen, wenn er das verschweigt«, bekannte sie 1975 in einem Interview mit dem Magazin »Esprit«. Als sie bei anderer Gelegenheit von der Journalistin Irene Jung gefragt wurde, ob es nicht schwer für sie sei, öffentlich Wohlverhalten zeigen zu müssen, wenn es mal zu Hause Streit gegeben habe, entgegnete sie: »Ach, wissen Sie... Ich muß wieder an früher anknüpfen. Der Vorteil schlechter Zeiten ist, glaube ich, daß sie einem helfen, die wirklich wichtigen Dinge im Leben richtig einzuordnen. Ich hatte in meinem Leben wirklich böse, schlimme, schlechte Zeiten. Und wenn ich damals daran nicht zerbrochen bin, dann brauch' ich mich über manche Auseinandersetzungen, auch über Kritik, die von außen kommt, nicht mehr so aufzuregen.«

Vor allem in den späteren Jahren bereitete es ihr immer größere Mühe, ihre Ehe trotz all der Widrigkeiten als stabil und haltbar darzustellen. »Natürlich gibt es Meinungsverschiedenheiten. Ich glaube, wenn einem der Wind so stark ins Gesicht weht, wie es bei uns durch den Beruf meines Mannes der Fall ist, dann funktioniert eine Ehe nur, wenn sie auf beiden Seiten stimmt.« Jeder braucht Zeit, so reflektierte sie an anderer Stelle, um über sich und seine Bestimmung im Leben nachzudenken. »Er muß sein Leben akzeptieren – oder in einer Ehe die Erkenntnis gewinnen, daß beide unauflöslich zusammengehören.« Und dennoch: »Meine Ehe – das ist doch meine Heimat.«

Trotz allem mußte sie sich Problemen stellen, die so manche andere Frau überfordert hätten; die Einsamkeit war dabei eines der größten. Als Helmut Kohl schon bald nach ihrer Eheschließung einen Posten nach dem anderen annahm, wurde sein Leben immer hektischer, und er war immer seltener daheim. Klaus Dreher, einer seiner Biographen, schreibt: »An manchen Tagen fuhr er mit der Bahn morgens um sieben Uhr nach Mainz in den Landtag, nachmittags zurück nach Ludwigshafen in den Stadtrat, abends wieder nach Mainz oder an einen anderen Ort, an dem er Versammlungen hatte, und nachts nach Hause zurück.« Später kamen noch ihrer beider Reisen und ihr gesellschaftliches und repräsentatives Wirken hinzu. Dies war keineswegs die Familienidylle, die sie sich erträumt hatte. »Ich hatte mir nach meiner schweren Kindheit gewünscht, einmal das sogenannte ›kleine Glück‹ zu leben«, bekannte sie bei anderer Gelegenheit. »Bei meinen Eltern war immer viel los. Ich wünschte mir in meiner Ehe weniger Hektik. Aber dem Trubel scheine ich nicht entrinnen zu können.«

Je höher Helmut Kohls Aufstieg führte, um so schwerer wurde es für sie. Noch bevor er Altmeiers Platz einnahm, hatte er einen Vorratsraum in der Staatskanzlei in einen privaten Weinkeller umbauen lassen, wo er mit seinem Stab, politischen Verbündeten und ausgewählten Gästen essen konnte. Oft genug saß er dort bis spät in die Nacht, redete, trank und politisierte, statt nach Ludwigshafen zurückzufahren. Zudem hatte er noch eine Dienstwohnung in Mainz und kam sowieso nur wenige Abende die Woche heim.

Ein-, zweimal enthüllte Hannelore Kohl, wie tief die Einsamkeit und Enttäuschung saß, die sie manchmal spürte. »Es war am Anfang hart«, sagte sie. »Ich habe sehr darunter gelitten. Jahre.« Und ein andermal: »Man muß vor allem warten können. Nach vier, fünf Stunden echten Wartens kann man nur noch von einem Hund verlangen, daß er sich immer noch freut. Ich hab' von unserem Hund gelernt.« Sie gestand, öfter ihre Einsamkeit ins Fell des Hunds geweint zu haben, »oftmals auch meine Wut«.

Sie schien einen verständnisvollen und mitfühlenden Menschen, dem sie sich anvertrauen konnte, dringend zu brauchen. Hinter den Kulissen eines CDU-Parteikongresses (nachdem ihr Mann die Entscheidung getroffen hatte, von Mainz nach Bonn zu ziehen) wurde sie gefragt, was sie denn, abgesehen von der Kindererziehung, nun in Ludwigshafen mache. »Ach, ich habe immer noch ein Sofa, wo der eine oder der andere sich ausweinen kann«, entgegnete sie. Ein Journalist fragte sie spontan: »Und, haben Sie ein Sofa, wo Sie sich ausweinen können?« Sie wirkte wie elektrisiert und ging auf ihn zu, als wolle sie ihn umarmen; doch dann riß sie sich zusammen. Bei späteren Begegnungen lächelte und winkte sie und trat auf ihn zu, nur um plötzlich wieder die Selbstkontrolle über sich zu gewinnen und sich wieder zu verschließen. Als sie bei anderer Gelegenheit gefragt wurde, ob sie jemanden habe, dem sie sich anvertrauen könne, erwiderte sie nur, daß sie sich schon selbst sagen müsse, vernünftig zu sein, wenn sie bedrückt sei.

Da ihr Mann nur selten daheim war, war sie oft gezwungen, ihren Kindern nicht nur Mutter, sondern auch Vater zugleich zu sein. »Meine Buben haben die temperamentvolle Art ihres Vaters. Wenn die väterliche Hand mal da ist, weiß ich das wohl zu schätzen – aber leider passiert das ja nicht in dem Maß, wie es sein müßte.« Einige Jahre später sprach sie mit einer Spur von Verbitterung in der Stimme von der psychologischen Schwierigkeit »eines Vaters, der allmählich den Zugang zu den Problemen seiner Familie verliert«. Helmut Kohl ist ein sehr stolzer Vater, er widmete sich seinen Söhnen, wo er nur konnte, und er bedauerte ebenfalls sehr, daß ihn sein Leben für die Politik eines Großteils seiner Vaterrolle beraubte. Hannelore Kohl war eine liebende, aber strenge Mutter und neigte nicht dazu, ihre Söhne zu verwöhnen. Kinder, sagte sie einmal, sollten lernen, sich selbst unter Beweis zu stellen und »sich nicht für den Nabel der Welt halten«. In vielerlei Hinsicht – wie Helmut Kohl selbst sagte – war sie konservativer als ihr Gatte. Beide schienen große Befriedigung aus der Tatsache zu ziehen, daß ihre Söhne nicht von der Friedensbewegung oder ähnlichen politischen Neigungen ihrer Altersgenossen angezogen wurden.

Doch es sollten noch andere Prüfungen auf sie warten. Zu einem der hartnäckigsten Gerüchte in der deutschen Politik gehört die Geschichte, Helmut Kohl habe eine Liaison mit seiner Sekretärin Juliane Weber gehabt. Die Gerüchte begannen schon in Mainz und flammten dann in Bonn erneut auf, als er als Oppositionsführer dorthin zog, nicht zuletzt wegen der Tatsache, daß Frau Weber, ebenso wie sein Fahrer Eckhard Seeber, sich eine Weile eine Wohnung in Kohls Villa in Pech teilten. Einer von Kohls engsten Vertrauten aus Mainzer Tagen meint, er habe dieses Gerücht nie geglaubt. »Wenn zwischen ihnen irgend etwas gewesen wäre, dann hätte ich es wissen müssen, und mir ist nie etwas aufgefallen. Natürlich gab es eine Art Symbiose zwischen ihnen, ein außergewöhnliches Arbeitsverhältnis, aber das war schon alles.« Ein anderer Mitarbeiter hegt dieselben Ansichten. Andere wiederum, vor allem jene aus dem Lager der politischen Gegner, schwören, daß etwas dran sei, und können einem alle möglichen Anekdoten erzählen, die diese Theorie stützen. Frau Weber hat mehrmals im Gespräch mit Journalisten betont, daß zwischen ihnen nie etwas gewesen sei:

»Ich führe eine glückliche Ehe.« Helmut Kohl hat niemals Stellung zu diesen Gerüchten bezogen. »Wenn man etwas öffentlich dementiert«, so ein früherer Mitarbeiter, »dann verleiht das dem nur mehr Gewicht.« Ein Journalist, der Kohl recht gut kennt, meint, dieser sei diesem Gerücht vielleicht nicht vollkommen abgeneigt gewesen, da es womöglich sein öffentliches »Mannesbild« bestärkt habe.

Sosehr diese Gerüchte auch der Bonner Langeweile etwas Würze verliehen, so ist es doch ganz allein Sache der Eheleute selbst, was nun tatsächlich passiert ist oder nicht. Frau Weber ist nach wie vor mit Bernhard Weber verheiratet, einem Anwalt, der für das ZDF arbeitete. Hannelore Kohl hat sich, wie sie selbst sagte, mit ihrem Mann darüber ausgesprochen und erklärte danach mehrmals: »Juliane ist meine liebste Freundin.« Einmal fügte sie an: »Und eine attraktive Frau. So einer wird immer was unterstellt.« Frau Weber und sie sind oft gemeinsam in Urlaub gefahren – nach einer Zählung achtmal insgesamt –, allein, mit den Ehemännern oder mit Hannelores Söhnen.

Gelegentlich zeigten sich Augenzeugen verwirrt über Helmut Kohls unsensibles Verhalten gegenüber seiner Frau. Als er auf einem Parteikongreß, noch vor seiner Kanzlerschaft, zuviel getrunken hatte, versuchte sie ihn zu überreden, doch mit ihr nach Hause zu gehen. Er warf ihr verletzende Beleidigungen an den Kopf und deutete an, sie sei auf ein Leben in der Öffentlichkeit nicht genügend vorbereitet. Als sie bei anderer Gelegenheit an der Stelle standen, wo sich das Heim ihrer Kindheit in Leipzig befunden hatte, konnte er nur sagen: »Wann kommst du denn endlich?« Doch sie bemerkte einmal, daß Elefanten – und es ist offenkundig, von wem sie sprach – sehr vorsichtig ihre Schritte setzen, wenn sie sich unter Menschen befinden, die sie lieben. Er vergesse niemals ihren Geburtstag oder den Hochzeitstag, sagte sie, und »nie kommt er schlecht gelaunt nach Hause«.

Während seiner Amtszeit in Mainz scheinen die Spannungen allerdings derart hoch gewesen zu sein, daß sein Stab und auch einige Parteifreunde davon ausgingen, die Ehe stünde auf der Kippe. Und eine Person, die Hannelore Kohl später gut kannte, meint, nur die Aussicht auf die Kanzlerschaft – und also auch auf die Herausforderung, die auf sie wartete – habe sie durchhalten lassen, nachdem die Kinder älter waren. »Sonst wäre sie schon längst gegangen.« Wer weiß?

Zweifellos handelte es sich um eine ungleichgewichtige eheliche Beziehung, bei der es nahezu ausschließlich um seine Bedürfnisse ging, nicht um ihre. Offenkundig war sie diejenige, die bei weitem die größten Zugeständnisse machen mußte. »Was gibt einer guten Ehe die Basis? Einer muß dem anderen zuarbeiten«, erklärte sie 1975 voller Überzeugung »Esprit« gegenüber. Da stand die Frauenbewegung in der westlichen Welt schon in voller Blüte. »Ich passe mich an.« Helmut Kohl konnte sich nicht vorstellen, »daß ich keine Zeit für ihn habe, wenn er nach Hause kommt. Das trifft gelegentlich mal zu, und das ist furchtbar. Ein gräßlicher Zustand, der auch dann und wann zu schwierigen Momenten führt. Daß ich etwas Notwendiges tue, wenn er kommt – durchaus in seinem Fachbereich –, das gibt es bei uns nicht. Wenn er kommt, bin ich da. Da wächst man rein. Es ist nicht der alleinseligmachende Zustand. Aber mein Mann rennt nach Hause, sobald sich die Möglichkeit ergibt. Wenn ich dann nicht für ihn da wäre?« Knapp zwanzig Jahre später sinnierte sie: »Wenn ich mich nicht so völlig auf meinen Mann eingestellt hätte, wäre unsere Ehe schiefgelaufen.«

Kohls Haltung seiner Frau gegenüber ist schwieriger zu fassen. Das wahrscheinlich beste Indiz waren seine Blicke – wenn er sie ansah, konnte man sehen, daß er sehr stolz auf sie war und sie liebte. Aber er sprach nur selten von ihrer Ehe, und wenn, dann nur, um ihre »absolute Zuverlässigkeit« zu rühmen oder zu bemerken: »Sie ist von einer unerhörten Pflichtauffassung und Treue.« Als sein sechzigster Geburtstag in der Bonner Beethovenhalle feierlich begangen wurde, bedankte er sich auf recht gestelzte und wenig phantasievolle Weise bei seiner Frau, »die in den zurückliegenden Jahrzehnten unseren gemeinsamen Weg mitgestaltet hat in einer sehr unverwechselbaren Weise«.

Helmut Kohl hat ein schwieriges Verhältnis zu Frauen. Auf politischer Ebene war er einer der ersten führenden Politiker, die die Bedeutung der Frauenbewegung und die daraus folgende Notwendigkeit erkannten, daß sich die Politik ändern müsse – wobei, wie ein Kollege bemerkte, der nicht geringste Grund dafür war, Wählerinnenstimmen zu gewinnen. In Mainz bestellte er Hanna-Renate Laurien zur ersten Staatssekretärin – später sollte sie Ministerin werden – und verfolgte die Politik, daß Frauen bei ihrer Entscheidung unterstützt werden sollten, gleich ob sie nun zu Hause bleiben oder arbeiten wollten. Auf intellektueller Ebene war ihm klar, daß Frauen gleichberechtigt sein sollten und stärker im Parlament vertreten sein müßten. Er brachte im Laufe der Zeit verschiedene Gesetze auf den Weg, welche die Position der Frau verbessern sollten. Doch seine inneren Instinkte waren erheblich konservativer. Er haßte jede Form von Rebellion, »aber wenn so etwas von einer Frau kommt, ist es zehnmal so schlimm wie bei einem Mann«, meinte eine CDU-Bundestagsabgeordnete. Seiner Schwester Hildegard Getrey zufolge ist Kohl ein »absoluter Familienmensch«. Doch scheint es sich bei ihm darum zu handeln, daß die Familie genau wie die zu sein hat, in der er aufgewachsen ist, in der die Mutter das Heim pflegte und sich um die Kinder kümmerte. »Meine Hochachtung gehört unseren Müttern«, sagte er einmal in einem Interview mit »Bild der Frau«, »die ein Leben lang ihre Pflicht getan haben, ohne zu protestieren. Die nie demonstrieren konnten – gar nicht wissen, wie das geht.«

Ihre Antwort auf all die Widrigkeiten war dieselbe wie schon als Flüchtlingskind. Sie bewältigte alle Probleme, und zwar meisterlich. Alleinerziehende Frauen, vor allem jene, die zusätzlich noch den Lebensunterhalt verdienen müssen, haben sich in der Situation Hannelore Kohls wahrscheinlich nicht wiedererkannt, doch wenn man es genau betrachtet, war sie genau dies: eine alleinerziehende Mutter. Sie war überaus organisiert und energisch, hatte in allen Familienangelegenheiten das letzte Wort, kümmerte sich um den Papierkram, kaufte alles fürs Haus ein, machte alle Besorgungen, einen Großteil der Küchenarbeit und hatte die meiste Zeit nur eine Haushaltshilfe, die dreimal die Woche ins Haus kam. Sie war stolz auf ihre Fähigkeit, allein mit all dem zurechtzukommen, so stolz wie damals, als sie auf der Flucht betteln ging oder für sich und ihre Mutter etwas zu essen organisierte. Sie bewies auch handwerkliches Geschick und war stolz darauf, eine »Superfrau« zu sein, die selbst technische Probleme lösen konnte. Sie könne einen Wasserhahn reparieren, erzählte sie einem Interviewpartner. »Ich mache Ihnen eine Lüsterklemme an die Lampe ... Ich erde Ihnen auch eine Leitung. Ich habe für unser Haus in Oggersheim einen Schaltplan angefertigt für drei Stromkreise. Es kam immer wieder vor, daß die Sicherungen herausflogen, wenn das Fernsehen bei uns seine Lampen anschloß. Jetzt kommt jeder Techniker zurecht.« Doch einmal, so mußte sie zugeben, ging die Sache schief, als sie zu verhindern suchte, daß sich auf der Terrasse ihres ersten Hauses in Ludwigshafen das Wasser sammelte. »Da habe ich eine Drainage gebaut. Ich habe einen etwa zwei Meter tiefen Schacht gegraben, ein altes Teerfaß genommen, mit einem Bauhaken Löcher reingeschlagen und mit Kies aufgefüllt. Als ich unten am Arbeiten war, kam plötzlich der ganze Boden runter und begrub mich. Ich hatte nicht abgestützt. Allein hätte ich mir nicht helfen können. Andere haben mich dann rausgezogen.«

Hannelore Kohl las viel, genau wie ihr Mann. Nach ihrer anfänglichen Abneigung gegenüber der Politik begann sie sich ebenfalls dafür zu interessieren. Sie stammte aus einer musikalischen Familie, spielte klassische und moderne Musik auf der Heimorgel, einer der Söhne lernte ebenfalls Orgel zu spielen, der andere Trompete. Sie und ihre Kinder liebten Tiere, und sie hatten nacheinander eine ganze Reihe von Hunden, Katzen und Kaninchen. All dies summiert sich zu dem Bild einer glücklichen, behaglichen Familie. Doch Hannelore hatte auch höchst unkonventionelle Seiten. Sie fuhr gern Auto, und zwar schnell, sportiv, und hätte am liebsten einen Sportwagen gehabt, aber sie meinte, sie könnten sich keinen leisten, und »in diese schnittigen Wagen geht außerdem nichts rein«. Sie schoß gern. Sie machte ihren Waffenschein, besaß eine Walther PPK und trainierte auf den Schießanlagen in der Gegend. »Es hat etwas mit Konzentrationsfähigkeit, auch mit Präzision zu tun: Ich finde es gut, wenn man etwas anvisiert und es dann auch trifft«, erklärte sie diese Leidenschaft. Möglicherweise hat es auch damit zu tun, daß sie nach ihren Kindheitserlebnissen entschlossen war, nie wieder so hilflos zu sein.

Und sie rauchte. Damit hatte sie mit dreizehn begonnen, als wenig willkommenes Flüchtlingskind, das sich von den Strapazen und Verletzungen der Flucht erholte. Sie rauchte Mentholzigaretten, aber niemals vor den Augen der Öffentlichkeit. Als ein Fotograf sie bei einem Besuch in den Vereinigten Staaten dabei ablichtete, wie ihr ein Chicagoer Polizist Feuer gab, sorgte das für ziemliche Aufregung. Sie wollte kein schlechtes Bild von sich abgeben.

Ihren vielen im Laufe der Jahre veröffentlichten Äußerungen zufolge wird klar, daß sie sich so etwas wie eine Lebensphilosophie zurechtgelegt hatte. Zuallererst handelte es sich wohl um eine Art innerer Stütze, eine Begründung für das Leben, das sie gewählt hatte. Gleichzeitig schien sie jedoch auch als Rechtfertigung, als Deckmantel vor der äußeren Welt zu dienen. Diese Philosophie stammte direkt aus den Fünfzigern: »Schade … daß die heile Welt so verlacht wird, daß man sie mit Spießbürgerlichkeit in einem Zusammenhang nennt« … »Kinder brauchen ein Nest« … »Die Hausfrau ist das Rückgrat der Familie« … »Es ist gut, wenn Politiker, die etwas gestalten wollen, Frauen haben, die selber keinem Beruf nachgehen und ihrem Mann von allen banalen Kleinigkeiten den Rücken freihalten können« … »Wo soll denn ein Mann, der große Verantwortung trägt, auf die Dauer seine Kraft hernehmen und seine Menschlichkeit behalten, wenn er nicht ab und zu seine Reserven auftankt?« Die Bezeichnung »Heimchen am Herde« sei ein Klischee, »das mich nicht kratzt … Natürlich bin ich eine gute Hausfrau, aber das ist nicht das Primäre. Eine intakte Familie ist mir wichtiger.« Das alles klang nicht nach Ausrede, sondern so, als sei sie vollkommen davon überzeugt. »Gerade das Zurückstehen empfinde ich als Leistung.« Dies alles paßte, ob gewollt oder nicht, in die »geistig-moralische«, konservative Botschaft ihres Mannes. Es verlieh ihr zugleich auch eine Aura altmodischer Provinzialität, die sie später nur schwer abschütteln konnte.

Doch so unwahrscheinlich es klingen mag: Hannelore Kohl war in vielerlei Hinsicht eine moderne Frau, unabhängig und selbstsicher. Es war ihr offenbar bewußt, daß sie sich fürchterlich altmodisch anhörte, und sie schickte ihren Sätzen manchmal Bemerkungen nach wie: »Das klingt ja furchtbar.« Gräfin Nayhauss, die später in Bonn sehr viel Zeit mit ihr verbrachte, sagte: »Sie war absolut dafür, daß Frauen arbeiten, daß sie selbst ein Leben haben, daß jede Frau für sich selbst entscheiden soll. Sie war sehr dafür, daß sich Frauen selbständig machen.« Sie hatte für sich selbst nur einen anderen Weg gewählt.

Hannelore Kohl war eine spontane, lustige, geistreiche Frau und konnte gut Witze erzählen. Klaus Hoffmann, der sie bei einem Besuch in den Vereinigten Staaten begleitete, als Helmut Kohl noch Oppositionsführer im Bundestag war, erinnert sich, daß ihr auf dem Flughafen in Florida auffiel, wie er als Geschenk für seinen Sohn ein Paar Handschellen kaufte. »Ach, wir müssen uns aneinanderketten!« rief sie aus, und das taten sie auch. In diesem Augenblick drängte Helmut, sie müßten nun los, sonst würden sie das Flugzeug verpassen. Hoffmann suchte mit der freien Hand nach dem Schlüssel. Er konnte ihn nirgendwo finden! Sie eilten zur Sicherheitskontrolle, suchten verzweifelt nach dem Schlüssel, und erst in allerletzter Minute fanden sie ihn – er war ins Innenfutter der Jacke gerutscht. Diese Art von Alberei sei typisch für sie gewesen, so Hoffmann.

Die sieben Jahre als Landesmutter in Mainz, wenn auch keineswegs als Vollzeitjob, boten Hannelore Kohl wertvolle Gelegenheit, jene Fähigkeiten zu entwickeln, die ihr später noch so nützlich werden sollten. Als Gastgeberin wurde sie immer gewandter, lernte es, aus dem Stegreif zu reden, war stets freundlich, zeigte sich interessiert, offen, konnte sich trefflich unterhalten. Einmal beobachtete sie ein britischer Kollege auf einer großen Gesellschaft, die für Helmut Kohl, damals Oppositionsführer, gegeben wurde, und war tief beeindruckt. »Viel besser als Ihr Mann«, bemerkte er dazu. Beim Besuch eines Zentrums des Bundes Deutscher Hirngeschädigter in Vallendar bei Koblenz rührte sie die Not eines hirngeschädigten jungen Mannes in seinem Krankenbett an, und sie übernahm die Schirmherrschaft des Hauses, ein Schritt, dem noch weitere folgen sollten, auch wenn ihr das damals noch nicht klar gewesen sein dürfte.

Sie war der Heimat ihrer Kindheit stets zutiefst verbunden geblieben, die nun in der DDR lag, und 1973 nahmen ihr Mann und sie die beiden Söhne mit auf eine Reise an die Orte, an denen ihre Mutter aufgewachsen war. Sie beantragten wie alle anderen auch über ein Reisebüro ihre Einreisegenehmigungen, doch als sie an der Grenze ankamen, erfuhren sie Sonderbehandlung und wurden an den Schlangen der anderen Reisenden vorbeigeschleust. Hannelore Kohl war schockiert über den allgegenwärtigen Verfall, die schmutzigen Häuser und schlaglochübersäten Straßen. Ihre Rückkehr in die Montbéstraße in Leipzig war unendlich traurig.

Das Haus, in dem sie gelebt hatten, war verschwunden – es hatte bei einem Luftangriff nach ihrer Evakuierung einen Volltreffer abbekommen und war durch einen häßlichen modernen Bau ersetzt worden. Die Straße war in die düster klingende Kommandant-Trufanow-Straße umbenannt worden, nach einem früheren sowjetischen Stadtkommandanten (seither ist der Name zu Trufanowstraße verkürzt worden). Die Döllnitzstraße, in der ihre Schule gelegen hatte, hieß nun Lumumbastraße, benannt nach dem ermordeten kongolesischen Unabhängigkeitshelden. Aus ihrer alten Schule war das Herder-Institut der Universität Leipzig geworden; als sie mit ihrer Familie dorthin ging und darum bat, ihr altes Klassenzimmer sehen zu dürfen, wurden sie von einer furchteinflößenden Gestalt aufgehalten: der Pförtnerin Marianne Pönisch, einer Altkommunistin, die den »Klassenfeind« sofort erkannt hatte. Sie erfand irgendeine Ausrede – welche, ist nicht mehr überliefert –, um ihnen den Zutritt zu den alten Klassenräumen zu verweigern, dennoch aber nicht unhöflich zu erscheinen, wie Dr. Bernd Landmann, der damals an dem Institut forschte, berichtete. Sie war sehr stolz darauf, die »Attacke der Imperialisten« abgewehrt zu haben. »Jedoch blieb ihre Freude nicht ungetrübt, denn jedermann fragte sich, wie ›unsere‹ Marianne denn so sicher Herrn Dr. Kohl hat ausmachen können, denn er gehörte damals noch keineswegs zu jenen westlichen Spitzenpolitikern, die auch hin und wieder im ›Neuen Deutschland‹ abgebildet wurden und deren Aussehen ein ›guter‹ Genosse nicht nur kennen durfte, sondern geradezu kennen mußte. Der Verdacht keimte, daß Marianne ihre physiognomischen Kenntnisse aus dem, wenn nicht verbotenen, so doch verpönten Westfernsehen bezogen haben mußte. Und da war man sich nicht mehr so sicher, ob ihre erfolgreiche Abwehrreaktion als rundum heroisch betrachtet werden durfte, denn es hing der Geruch des Verrats daran.« Die meisten von Hannelores Freunden lebten nicht mehr in Leipzig, doch auf dieser Reise und bei anderen Gelegenheiten fand sie frühere Bekannte wieder und schickte ihnen zu Weihnachten Pakete, zumeist mit Dingen gefüllt, die in der DDR nur schwer zu bekommen waren.

Da Helmut Kohl ein bekannter westlicher Politiker war, konnte das Paar davon ausgehen, daß sie unter Beobachtung der Staatssicherheitsorgane der DDR standen, und, so berichtete sie später, »wir fragten uns immer, wie viele Leute uns eigentlich beschatteten. Das war schwer festzustellen, weil sich die Wagen immer abwechselten. Da schlug ich vor, einmal plötzlich verkehrt herum in eine Einbahnstraße einzubiegen. Und siehe da: Vier Wagen fuhren hinter uns her!« Bei demselben Besuch, so sagte sie Dieter Zimmer, hätten sie im Hotel Stadt Leipzig gesessen, gleich gegenüber vom Hauptbahnhof, als sie eine Frau bemerkten, die ein Schildchen mit einem Namen trug – einem sehr seltenen Namen –, der Hannelore an ihre Kindheit erinnerte. »Die Frau schaute mich an, ich schaute sie an, und ich fragte: ›Sind Sie nicht …?‹ Da legte sie den Finger an die Lippen und zog mich rasch in eine Besenkammer. Sie umarmte mich und begann zu weinen: ›Ich bin die Schwägerin Ihres ehemaligen Hausmeisters.‹ Sie hatte extra die Schicht übernommen, um mich heimlich abzupassen. Wir waren doch personae non gratissimae. Das war ein unglaublicher Moment für mich.«

Doch erst im Jahre 2000, siebenundzwanzig Jahre später, wurde ihnen klar, wie intensiv sie beschattet worden waren.

Bei der Lektüre seiner umfangreichen Stasi-Unterlagen entdeckte Helmut Kohl, daß die Beobachtung generalstabsmäßig vorbereitet gewesen war. Angeblich ganz normale DDR-Bürger, die in der Semper-Oper in Dresden in ihrer Nähe gesessen hätten, seien in Wirklichkeit zusammen mit ihren Ehepartnern Stasi-Spitzel gewesen, schrieb er in »Mein Tagebuch«. Mehrere Dutzend Stasi-Leute – »die meisten wohl zum ersten Mal in ihrem Leben« – besuchten mit ihnen zusammen die Messe in der Schloßkirche, wo Menschen, die nach Westdeutschland ausreisen wollten, ihnen auf dem Weg vom und zum Abendmahl heimlich Zettel zusteckten – unter allergrößtem Risiko, wie wir nun wissen. Denn die Stasi notierte auch pingelig genau, wie viele Menschen sie grüßten und ihnen unterwegs applaudierten und was sie sagten. Diese Reise, die erste von mehreren dieser Art, war auch für Helmut Kohl von großer Bedeutung. Weit im Westen des Landes geboren, stellte dies den ersten persönlichen Kontakt mit den östlichen Dimensionen Deutschlands dar, eine Erfahrungen, die sein weiteres politisches Denken beeinflußte.

Während seiner Zeit als Ministerpräsident hatten Kohl und seine Regierungsmannschaft Rheinland-Pfalz von einer der rückständigsten Regionen Westdeutschlands zum wirtschaftlich viertstärksten Bundesland gemacht. Er hatte die Landes-CDU reformiert und bei den Landtagswahlen neiderregende absolute Mehrheiten erzielt. Seine Reputation wuchs schnell in einer Partei, die nach dem bundespolitischen Machtverlust von 1969 noch immer zutiefst demoralisiert und unorganisiert war. 1973 wurde er zum Parteivorsitzenden der CDU gewählt und machte sich an tiefgreifende innerparteiliche Reformen, die zwar weniger sichtbar waren als seine Erfolge in Rheinland-Pfalz, sich aber für den späteren Wahlsieg der CDU als unabdingbar erwiesen. Bei den Bundestagswahlen 1976 erntete er einen ersten Beinahe-Erfolg, als die CDU/CSU 48,6 Prozent der Stimmen für sich verbuchen konnte. Keine anderthalb Prozent mehr, und Helmut Kohl wäre Kanzler geworden. Ein solches Ergebnis war Triumph und bittere Enttäuschung zugleich.

Zu diesem Zeitpunkt hatte Helmut Kohl offiziell wie privat nur noch ein Ziel: die Kanzlerschaft. Schon bald nach den Wahlen von 1976 tauchte die Frage auf, ob er seinen Posten als Ministerpräsident in Mainz aufgeben und sich ganz der Rolle als Oppositionsführer in Bonn verschreiben sollte. Das war durchaus nicht strikt notwendig, andere Kanzlerkandidaten hatten dies nicht getan. Doch in Bonn würde er Partei und Fraktion besser im Griff haben, und er mußte sich dringend Erfahrung in bundespolitischen Dingen erarbeiten. Dies war eine harte Entscheidung, und Helmut Kohl zögerte lange. Er hing doch sehr an seiner Heimat, er hatte sich mit alten Freunden und Kollegen umgeben, die seinen Dialekt sprachen, und er hatte seine Zeit im Amt zutiefst genossen. Bonn war da ganz anders, kalt und fremd – wie fremd, das konnte er noch nicht ahnen. Hannelore Kohl war nicht begeistert davon, um es milde auszudrücken. Man sagte ihr nach, sie habe den Eindruck gehabt, Mainz sei groß genug für die politische Karriere ihres Mannes. Bonn gegenüber hegte sie so manche Befürchtung. »Sie tut nichts, um das zu fordern«, bemerkte Kohl, als man ihn fragte, was sie von seinen Entscheidungen hielte. Pflichtbewußt wie stets, warf sie schnell ein, »daß ich mich dem Wunsch meines Mannes auch nicht entgegenstelle«.

Sie mieteten eine große Villa in Pech, einem kleinen dörflichen Vorort in den Hügeln oberhalb von Bad Godesberg; Hannelore möblierte und dekorierte das Haus. Ihr eigenes Heim und das der Söhne sollte jedoch vorrangig in Oggersheim bleiben, wo diese noch immer zur Schule gingen.

Es waren schwierige Zeiten für sie alle. In Bonn mußte sich Helmut Kohl des Dauerbeschusses durch den damaligen CSU-Vorsitzenden Franz Josef Strauß erwehren, der für Kohl nichts übrig hatte (und auch niemals zugegeben hätte, daß ihm, Strauß, irgend jemand das Wasser reichen könne) und bezweifelte, daß dieser die Unionsparteien wieder an die Macht bringen könnte. Zugleich sah sich Kohl dem Spott und Hohn der SPD-Regierung und der Medien ausgesetzt, von denen große Teile nicht mehr sehen konnten als seinen Provinzialismus, seine offenkundige Naivität und seine ungehobelte Redeweise. Und selbst in seiner eigenen Partei verzweifelten viele an ihm, beschuldigten ihn der Führungsschwäche und waren von seinem Stil peinlich berührt. In dieser Zeit begann Helmut Kohl, der gerne gut aß, ernstlich an Gewicht zuzulegen, möglicherweise eine unbewußte Zwangshandlung, um mit dem ungeheuren Druck fertig zu werden.

Zu all diesen Anforderungen kam noch die wachsende Bedrohung durch die terroristischen Angriffe der Roten Armee Fraktion. Kohl und seine Familie wurden unter Polizeischutz gestellt. Man errichtete eine Mauer um ihren Garten und stellte ein Wachhäuschen vor ihr Heim. Hannelore Kohl und die Kinder wurden ständig von Leibwächtern begleitet. Sie, die wohl besser als die meisten wußte, was es hieß, hilflos ausgeliefert zu sein, sorgte sich zutiefst um die Sicherheit ihrer Söhne. Die Gefahr war sehr real, und die

Kohls sollten auf schmerzhafte Weise lernen, was dies alles bedeutete. 1975 wurde Peter Lorenz, Vorsitzender der Westberliner CDU und Freund Helmut Kohls, entführt. Kohl wurde Mitglied des Krisenstabes, der schließlich den Forderungen der Terroristen nachgab und im Austausch für Lorenz' Leben sechs ihrer Gesinnungsgenossen aus der Haft entließ. Aus dieser Aktion sollte Kohl, ebenso wie der damalige Kanzler Helmut Schmidt, die Erkenntnis gewinnen, daß der Staat sich nie wieder einer derartigen Erpressung beugen durfte. Zweieinhalb Jahre später führte diese entschlossene Haltung zu noch größerem Schmerz, als Hanns-Martin Schleyer, ein noch engerer Freund Kohls, Präsident des Bundesverbandes der Deutschen Industrie (BDI) und der Bundesvereinigung der Deutschen Arbeitgeberverbände (BDA), entführt wurde. Helmut Kohl, der erneut dem Krisenstab angehörte und die Entscheidung der Regierung, diesmal standhaft zu bleiben, mittragen mußte, wußte, daß Schleyers Leben geopfert wurde. Wohl als Schlußfolgerung aus diesen Erfahrungen kamen er und Hannelore Kohl überein, im Falle einer Entführung dürfe der andere nicht verlangen, daß die Regierung sein oder ihr Leben retten müsse, berichtete ein Freund. Was sie allerdings getan hätten, wenn eines ihrer Kinder entführt worden wäre, weiß auch der Freund nicht zu sagen.

1980 fanden erneut Bundestagswahlen statt, doch auch sie brachten Kohl nicht die Kanzlerschaft. Tatsächlich war er noch nicht einmal Kandidat für dieses Amt gewesen. Diese Rolle hatte sich Franz Josef Strauß in einem bizarren Coup gesichert, der von seinen Verbündeten innerhalb der CSU geführt worden war. Das Wahlergebnis war ein herber Rückschlag für die CDU/CSU, zugleich aber auch eine große

Erleichterung für Helmut Kohl. Unter Strauß erzielten die Unionsparteien 44,5 Prozent der Stimmen, über vier Prozent weniger als 1976 unter Kohl. Dies war das schlechteste Wahlergebnis ihrer bisherigen Geschichte. Strauß würde ihm weiter Schwierigkeiten bereiten, doch nun hatte er nichts mehr in der Hand. Es hatte sich erwiesen, daß Strauß es auch nicht besser konnte als Helmut Kohl.

Tatsächlich fiel Kohl die Regierungsmacht zwei Jahre darauf praktisch in den Schoß. Die SPD/FDP-Koalition, die schon eine ganze Weile nur unter Mühen hielt, zerbrach schließlich. Kohl ging bald darauf mit Hans-Dietrich Genscher und anderen führenden FDP-Politikern eine Koalitionsvereinbarung ein, brachte im Bundestag ein konstruktives Mißtrauensvotum ein, das zu seinen Gunsten ausfiel, und wurde am 1. Oktober 1982 vor eben diesem Bundestag als Kanzler vereidigt. Hannelore Kohl und die Söhne saßen auf der Besuchergalerie, und als sich Politiker um Helmut Kohl drängten, um zu gratulieren, dachte sie: »Zum Donnerwetter, irgendwo bin ich ja auch noch da, nicht?«, wie sie später erklärte. »Und dann bin ich runter und mit meinen Kindern zusammen zu ihm hin, denn ich bin da ja etwas mitbetroffen, wenn Sie so wollen, an der ganzen Sache. Da habe ich nicht weiter drüber nachgedacht, wer dabei ist und was das für ein Bild im Fernsehen gibt. Ich habe nicht geahnt, was das für eine Resonanz gibt.« Diese Szene, bei der der strahlende Kohl von seiner begeisterten Familie umringt und von seiner hübschen blonden Frau umarmt wird, ist auf erinnerungswürdigen Bildern und Fernsehaufnahmen festgehalten. Soweit ich das beurteilen kann, handelt es sich um das einzige Mal, daß das Paar fotografiert wurde, wie es sich umarmt. Anders als amerikanische Politiker und ihre Gattinnen wollten die Kohls nicht, daß man sie in aller Öffentlichkeit beim Küssen oder Händchenhalten sah.

Sechs Monate später wurde der Regierungswechsel durch einen Sieg der Unionsparteien bei den Bundestagswahlen vom 6. März 1983 bestätigt. Zum Zeitpunkt der von solcher Freude begleiteten Vereidigung hatten noch viele geglaubt, daß Kohl nur ein Übergangskanzler sei, der nur so lange im Amt bliebe, bis die CDU/CSU einen überzeugenderen Amtsträger präsentieren würde. Nur wenige hätten sich vorstellen können, daß Helmut Kohl sechzehn Jahre lang im Amt blieb.

Hannelore Kohl wirft Geld in den Sparautomaten der Schule.

In der Schule (1. von links in der zweiten Reihe), Schuljahr 1939/40

Klassenphoto von 1948 (4. von links, oberste Reihe)

Mit Helmut Kohl am Wolfgangsee 1970

1971 mit Helmut Kohl und den Söhnen Peter und Walter in Berlin

Familie Kohl macht Urlaub am Wolfgangsee, August 1972

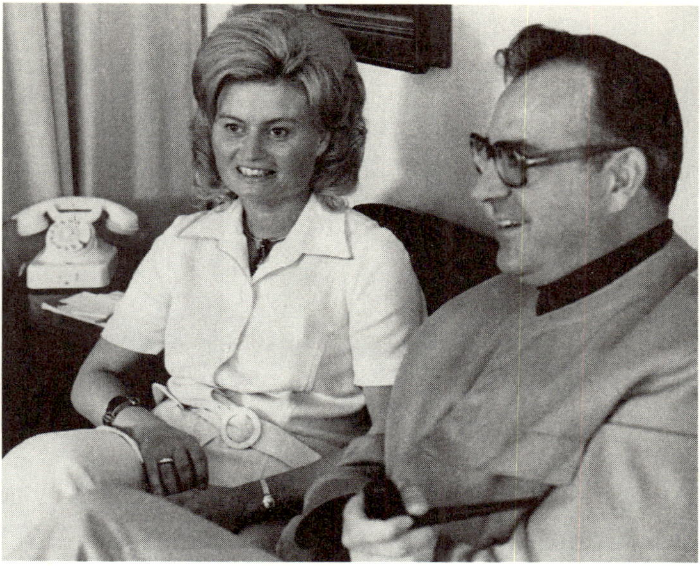

Mit Helmut Kohl (damals Kanzlerkandidat) in Ludwigshafen, September 1976

Peter, Helmut, Hannelore und Walter Kohl beim Urlaub 1976 in St. Gilgen

Familie Kohl 1976 beim privaten Besuch in der DDR,
vor dem alten Rathaus in Leipzig

Porträt 1980

Am 1.10.1982 mit den beiden Söhnen während der Debatte des Bundestags, in der Helmut Kohl zum neuen Bundeskanzler gewählt wird.

Hannelore Kohl bei der Gründung des Kuratoriums ZNS am 21.12.1983

Präsidentin des Kuratoriums ZNS im November 1985

In der neurochirurgischen Abteilung in Gütersloh, November 1986

Aufnahme von Lord Snowdon

4

In Deutschland scheint man immer noch davon auszugehen, daß die jeweilige Kanzlergattin an der Seite ihres Mannes sich zur repräsentativen Figur entwickelt. Von ihr wird erwartet, daß sie sich für wohltätige Zwecke engagiert, ihre Rolle bei offiziellen und gesellschaftlichen Anlässen spielt und ausländischen Staatsgästen und ihren Ehepartnern eine gute Gastgeberin ist. Zweifellos stellt sie die gesellschaftliche Nachfolgerin von Kaiserinnen, Königinnen, Herzoginnen und anderen höfischen Ehefrauen dar, die mangels formeller politischer Macht sich dadurch nützlich machten, daß sie sich um die sozialen und menschlichen Belange kümmerten. Diese Tradition war von der begnadeten Elly Heuss-Knapp wiederbelebt worden, Gattin des ersten Nachkriegs-Präsidenten Theodor Heuss, und ist seitdem ungebrochen fortgesetzt worden. Keine der Gattinnen, auch die zweifellos moderne Journalistin Doris Schröder-Köpf, hat damit gebrochen, obwohl sich die Rolle der Frau seitdem dramatisch verändert hat und nun gut sechzehn Millionen Menschen aus dem anderen Teil Deutschlands hinzugekommen sind, in dem die Politikergattinnen, die ja alle selbst einen Beruf hatten, selten in der Öffentlichkeit erschienen. Doch anders als ihre königlichen und adligen Vorgängerinnen sind die Kanzlergattinnen keineswegs von Kindesbeinen an auf solch ein Leben vorbereitet worden und müssen sich so gut wie möglich allein durchschlagen. Und ihre Position ist nirgends in der Verfassung verankert, so nützlich sie auch für den Staat und für ihre Gatten sind. Sie haben kein Amt, keine Mitarbeiter, kein Budget, nicht einmal eine Aufwandsentschädigung für die notwendige gesellschaftlich angemessene Bekleidung steht ihnen zu. All dies bleibt der Gattin des Bundespräsidenten vorbehalten. Die Tatsache, daß die Bundesrepublik nun ihren siebten Kanzler vorzuweisen hat, an der Situation der Gattin sich aber immer noch nichts geändert hat, zeigt, wie selbstverständlich die Anstrengungen dieser Frauen für ihr Land und ihre Gatten in einer von Männern beherrschten politischen Landschaft eingefordert werden.

Es hätte auch niemanden gegeben, um Hannelore Kohl zu sagen, was zu tun sei. Sie habe in ein Schwimmbecken springen müssen, ohne zu wissen, wie tief es sei, sagte sie einmal. Jede Kanzlergattin muß ihren eigenen Stil finden. Die Rolle stellt eine ungeheure Herausforderung dar, und sie machte sich in dem festen Willen daran, die Aufgabe auch gut zu machen. »Ich habe entschlossen, mit meinem Mann an einem Strang zu ziehen«, sagte sie. Ihre Söhne waren fast erwachsen – Peter, der jüngere von beiden, war siebzehn und verlangte nicht mehr ihre ganze Aufmerksamkeit. Sie konnte also einen Großteil ihrer Zeit nun der neuen Aufgabe zuwenden, und das tat sie auch. Von Anfang an betrachtete sie diese als ihren Beruf.

Im Büro ihres Gatten im Konrad-Adenauer-Haus in Bonn, dem Hauptsitz der CDU, hatte sie einen Schreibtisch, und sie erhielt die Unterstützung einer Sekretärin. Briefe, die an sie adressiert waren und die Anschrift Kanzleramt trugen, wurden häufig von Mitarbeitern des Kanzleramts oder der Regierung beantwortet. In dem niedrigen modernen Kanzlerbungalow, der zur Hälfte Privatwohnung war, zur Hälfte repräsentativen Aufgaben diente, konnte man sich nicht zu Hause fühlen: der Bundesgrenzschutz patrouillierte mit Schäferhunden durch den hübschen Park, und es herrschten strenge Sicherheitsmaßnahmen für jeden, der aus und ein ging, aber es gab dort Personal, und das Haus erfüllte seinen Zweck. Abgesehen von eventuellen Reisen war sie nahezu jede Woche von dienstags bis freitags dort. Ihre Abneigung Bonn gegenüber schien sich buchstäblich in Luft aufgelöst zu haben. »Es ist selbstverständlich, daß ich nach Bonn gehe. Ich freue mich auf die Aufgabe.« Noch mehr als das: Sie hatte sich entschlossen, diese Aufgabe gern zu tun. Wer weiß, vielleicht erinnerte sie sich da an das Dichterwort, das sie in der Schule gelernt hatte: »Und siehe, die Pflicht ward Freude.« Eine weise Entscheidung, wie sich zeigen sollte. »Das ist die Voraussetzung, das gerne zu machen, sonst macht man sich das Leben sehr schwer«, meinte die Gattin eines anderen Politikers. »Ohne sie gibt es einen großen Zwiespalt zwischen sich und dem eigenen Mann.«

»Sie ist zu ihrer vollen Form in Bonn aufgelaufen«, meint Dr. Bernhard Vogel, Ministerpräsident von Thüringen, der sie siebenunddreißig Jahre lang kannte. »Sie hat ihre beste Figur an der Seite des Kanzlers gemacht.« Schon ihr Debüt war eindrucksvoll. Eine ihrer ersten Aufgaben war ein Martinsgans-Essen für Politikerinnen und Politikergattinnen in der Parlamentarischen Gesellschaft in Bonn, bei der auch Loki Schmidt, ihre »Amtsvorgängerin«, zugegen war. In ihrer Eröffnungsansprache hieß Betta Gräfin von Werthern die neue Kanzlergattin besonders willkommen. Hannelore Kohl erhob sich und hielt eine kurze, nicht geplante und offenkundig aus dem Ärmel geschüttelte Rede über die Parlamentarische Gesellschaft und ihre Bedeutung. »Wir saßen mit offenen Mündern da. Sie wußte mehr darüber als wir selber«, meinte Gräfin Nayhauss, die ebenfalls anwesend war. »Sie hatte sich perfekt vorbereitet.« Beim Kaffee machte sie ihre Runde und vergewisserte sich dabei, auch wirklich mit jeder der Anwesenden gesprochen zu haben. Sie hatte sich über sie alle im vorhinein schlau gemacht und wußte genau, um wen es sich jeweils handelte. »Der erste Eindruck war sehr überraschend«, sagt die Gräfin. »Sie war sicher sehr nervös, aber sie hat es sich nicht anmerken lassen.«

Insider munkelten, sie habe Rhetorikkurse besucht, so gewandt zeigte sie sich bei ihren spontanen Redeauftritten. Sie erkundigte sich nur, wie lange sie sprechen dürfe, und hielt sich mit erstaunlicher Präzision an diese Vorgaben. Sollte sie ein spezielles Training absolviert haben, so behielt sie dieses Geheimnis für sich. Sie behauptete nur, ihre Redegewandtheit aus der Schulzeit zu haben.

Nach und nach machte das Bonmot die Runde, sie sei »die meistunterschätzte Frau in Bonn«, und das sogar noch vor dem Zeitpunkt, als Helmut Kohls Kritiker erkannten, wie sehr sie ihn unterschätzt hatten. Zu Beginn ihrer Tätigkeit erlebte stets nur ein kleines Publikum ihre Fähigkeiten; auf größerer Bühne blieben sie nahezu unbemerkt. In den frühen Jahren seiner Kanzlerschaft hatte Helmut Kohl in erheblich größerem Maße als zuvor unter dem Spott zu leiden, den er für seine ungehobelte Art erntete, und vieles davon übertrug sich auch auf Hannelore. Die Atmosphäre in Bonn war durch die berauschend neuen Vorstellungen der Brandt-Jahre und den prägnant intellektuellen Stil Helmut Schmidts geprägt worden, und es gab viele, die sich nicht vorstellen konnten, daß ein schlicht gestrickter Provinzgeist wie Kohl tatsächlich Kanzler werden könne. Seine bemerkenswerten Leistungen in Rheinland-Pfalz waren großteils in Vergessenheit geraten, und seine politischen Fähigkeiten verschwanden hinter einer ganzen Reihe von Fauxpas. Es galt als politisch korrekt, sich über Kohl lustig zu machen, und Bücher mit Kohl-Witzen erzielten hohe Auflagen.

Daß man sich über Hannelore Kohl amüsierte, hatte mit ihrer vorherigen Rolle als Hausfrau und Mutter zu tun und, jedenfalls in der Anfangszeit, mit ihrem puppenhaften Erscheinungsbild, ihrer unmodischen Frisur und ihren wenig eleganten Kleidern. Verletzende Schimpfwörter wie »Rauschgoldengel«, »Provinzzwiebel« oder »Barbie aus der Pfalz« sollten sie in diesen Jahren verfolgen. Sie räumte ein, sich zu Anfang darüber aufgeregt zu haben, aber sie arrangierte sich auf die ihr typische Weise damit, indem sie dies alles als gegeben hinnahm – oder sich zumindest den Anschein gab – und sich davon nicht erschüttern ließ. Ein weiteres Mittel waren scharfe Erwiderungen, mit denen sie sich im Falle eines verbalen Angriff gern zur Wehr setzte. Es gebe Leute, so sagte sie, die ihren Lebensunterhalt damit verdienten, sich über sie beide lustig zu machen, und »ich weiß ja nun, daß, wer nicht schlecht über mich schreibt, sich fast schon entschuldigen muß«. Den Vorwurf des Provinzialismus tat sie auf dieselbe Art ab wie ihr Mann: »Offenbar haben wir in den letzten Jahren doch ganz gut damit gelebt, sonst würde ich nicht hier und heute mit Ihnen zusammensitzen.«

Der Spott über ihr puppenhaftes Aussehen mag auch durch Meldungen genährt worden sein, daß sie als Kind für eine Käthe-Kruse-Puppe Modell gestanden haben soll – was sie stets vehement bestritt. Vor einigen Jahren hatte ein Journalist bei einem Interview den Eindruck bekommen, ob nun zu Recht oder nicht, sei dahingestellt, daß ihre Familie mit Käthe Kruse bekannt gewesen sei und daß eine der hochbegehrten Puppen der berühmten Kunsthandwerkerin dem süßen kleinen blonden Töchterchen nachgebildet sei. Diese Geschichte machte sich auf die übliche Weise selbständig: Der Artikel landet im Zeitungsarchiv, Journalisten erhalten den Auftrag, im Rahmen irgendeines diese Person betreffenden Ereignisses eine Kurzbiographie zu erstellen, sie schustern einen Artikel zusammen, der auf den Ausschnitten aus dem eigenen Archiv basiert, und im Laufe der Jahre wirkt diese »Tatsache« wie in Stein gemeißelt. Graf Nayhauss kam dem Kern der Geschichte wohl so nahe, wie dies nur möglich ist (die Firma selbst besitzt selbst keine Unterlagen mehr, die diese Behauptung stützen oder widerlegen könnte), als er aus einem Brief zitierte, den Hannelore Kohl 1982 an Max Kruse, einen der Nachkömmlinge von Käthe Kruse, schrieb. »Tatsache ist«, steht dort, »daß meine Eltern und ich zwischen 1936 und 1944 in Leipzig lebten und ich eine geborene Renner bin. Ich selber kann mich, wenn Sie die Jahre zurückrechnen, kaum erinnern, welchen Bekanntenkreis meine Eltern damals hatten. Meine Mutter verstarb vor zwei Jahren. Ich kann mich nur vage an Besuche auf der damaligen Leipziger Muster-Messe erinnern, wo sich ein Stand von Frau Professor Käthe Kruse befand. Meine Mutter muß damals, ich war als kleines Kind dabei anwesend, mit Frau Prof. Kruse ins Gespräch gekommen sein, und ich kann nur aus diesem, sehr in der Vergangenheit Liegenden, ahnen, daß eine Verbindung hergestellt worden ist.« Aber, betonte sie später: »Ich dementiere ständig, Modell gestanden zu haben.« Was wiederum, wie Graf Nayhauss betont, »nicht ausschließt, daß sich die Puppenschöpferin von dem hübschen Gesicht der kleinen Hannelore inspirieren ließ«.

Möglicherweise gibt es noch einen anderen Hinweis. Als Hannelore etwa drei Jahre alt war, hatten ihre Eltern, so berichtet das ehemalige Kindermädchen Erna Knisse, eine Gipsmaske von ihr anfertigen und in Bronze gießen lassen. Diese Bronzemaske stand im Eingang ihrer Leipziger Wohnung auf einem Sockel. Vielleicht hat Käthe Kruse diesen Abguß gesehen und ihn sich ausgeliehen, um ihn für eine Puppe zu vervielfältigen?

Wie so viele Frauen war auch Hannelore Kohl nicht glücklich über ihr Aussehen. In der Schule hatte es sie sehr geärgert, »Pfannkuchen« gerufen zu werden, und sie konnte sich nur schwer mit der Tatsache abfinden, jedenfalls beschwören Augenzeugen dies, daß sie schon von hinten an ihren breiten Wangenknochen zu erkennen gewesen sei (das konnte eine Erklärung für die üppigen Frisuren sein, die sie bevorzugte, wohl um diese Breite auszugleichen). Als sie als Kanzlergattin dem Bonner Prominentenfotografen Hans Schafgans für Porträtaufnahmen Modell saß, fragte sie ihn, ob er etwas tun könne, um ihr Gesicht schmaler wirken zu lassen. Schafgans erwiderte, man könne und solle die Gesichter der Menschen nicht verändern, sie seien Teil der Persönlichkeit, und es sei eine gute Sache, daß nicht alle gleich aussähen. Ein paar Jahre später willigte sie ein, sich von dem Starfotografen Lord Snowdon, dem ehemaligen Schwager der Königin Elisabeth II., für die erste Ausgabe der deutschen »Elle« fotografieren zu lassen. Der Fotograf erschien sehr schlecht gelaunt in Begleitung der Journalistin Beate Wedekind und einem Stab von »Elle«-Mitarbeiterinnen. Es hatte den Anschein, daß er mit ihr wenig anfangen konnte.

»Sie schien sofort die Situation zu analysieren und konzentrierte sich erst auf die Stylistin und uns Reporter«, schrieb Frau Wedekind einige Jahre später. »Sie erlaubte uns Einblicke in ihre Räume, wir durften ihren Schrank öffnen, ihre Schubladen. Und siehe da, der große Fotograf folgte uns, und irgendwann fing sie an, mit ihm zu plaudern. Am Ende wären die Fotos beinahe nicht entstanden, weil Hannelore Kohl sich mit Lord Snowdon so blendend verstand und lieber mit ihm redete, als zu posieren. Auf der Rückfahrt gestand Snowdon, daß er selten so von einer Frau geknackt worden sei wie von Hannelore Kohl.« Wir wissen nicht, ob sie an Lord Snowdon dieselbe Bitte gerichtet hat wie an Herrn Schafgans. Das Ergebnis des Termins jedoch ist ein erstaunliches Porträt, das sich von allen anderen vollkommen unterscheidet. Es handelt sich um ein divenhaftes Profil ihres Gesichts, wie sie nach oben schaut, und ihr dichtes blondes Haar ist glatt nach hinten geföhnt – vom Wangenknochen ist nur der leiseste Ansatz zu erkennen …

Der Vorwurf, sie sei »provinziell«, erstarb, als sie begann, sich smarter zu kleiden, wie Gräfin Nayhauss berichtet. Die Ehre, für ihr neues Aussehen verantwortlich zu sein, gebührt dabei nicht Wilhelmine Lübke, der das berühmte Bonmot zugeschrieben wird: »Kindchen, Sie brauchen eigentlich nur fünf schwarze Kostüme. Damit können Sie morgens aufstehen und von der Taufe bis zum Staatsbegräbnis alles absolvieren«, sondern ihrer engsten Freundin Christine Esswein. Frau Esswein ist die Witwe eines großen Bauunternehmers aus Karlsruhe, eine hochintelligente, elegante und charmante Dame. Und sie wurde die mitfühlende Freundin, Vertraute und Beraterin, die Hannelore Kohl dringend gebraucht hatte. Die beiden fuhren häufig gemeinsam in Urlaub, und

Hannelore Kohl besuchte sie häufig in ihrem Heim in Monte Carlo, wo Frau Esswein Honorarkonsulin der Bundesrepublik war. Dort konnte Hannelore Kohl sich frei und unerkannt bewegen und an Frau Essweins strahlendem Gesellschaftsleben teilnehmen. Frau Essweins Einfluß ist es zu verdanken, daß Hannelore Kohl begann, gut geschnittene Busineßkostüme und Kleider zu tragen, von denen einige maßgeschneidert waren, das meiste aber Konfektionsware von Firmen wie Uli Knecht, Van Laack und Escada war. Die Kleider waren von hervorragender Qualität, praktisch, ganz das richtige für eine geschäftstüchtige, professionelle Frau, wenn ihnen auch das abging, was man im Französischen Chic nennt. Nicht, daß Chic in Bonn oder gar bei ihrem Mann sonderlich hoch im Kurs gestanden hätte. Gräfin Nayhauss berichtet von einer Gelegenheit, bei der Frau Esswein Hannelore Kohl dabei behilflich war, ein wirklich atemberaubendes Abendkleid für einen Wohltätigkeitsball zu erwerben und sich das Haar entsprechend zurechtzumachen. »Sie sah super aus. Aber das hat sie nie wieder gemacht – wohl gesagt, es gefiel ihm nicht.«

Hannelore Kohl selbst hegte keinerlei Illusionen, was in Bonn akzeptabel war. »Wir in der Bundesrepublik sind eher eine Gesellschaft, in der sich Politiker-, Diplomaten- und Journalistenfrauen nicht jeden Tag ein Modell von Dior leisten. Hier ist Mode gefragt, die vielfältig eingesetzt werden kann. Das bietet sicher weniger fürs Auge, ist aber praktisch, Nutzgarderobe eben.«

Sie achtete peinlich genau auf ihr Erscheinungsbild und ließ sich selbst im Urlaub niemals ungepflegt oder ungekämmt ablichten. Stets war ihr Haar mit Haarspray fixiert, damit nur ja keine Strähne an der falschen Stelle lag, stets war ihr Make-up perfekt, und sie bevorzugte Lackschuhe, die man schnell abstauben konnte. In späteren Jahren machte das Gerücht die Runde, sie habe sich einem Facelifting unterzogen, doch sie leugnete dies hartnäckig. Vater und Mutter hätten selbst im Alter noch glatte Haut gehabt – »das ist genetisch bedingt. Es gibt so was.« Im Laufe der Zeit wirkte auch ihr Haar immer starrer – »Betonfrisur« nannte die Presse das. Eine Journalistin, die 1998 mehrere Tage mit ihr verbrachte, verwirrte das sehr. »Jeden Tag, zu jeder Stunde, war ihre Frisur immer gleich. Kein Haar bewegte sich.« Erst dann ging ihr auf, daß Hannelore Kohl eine Perücke trug. Ob sie dies tat, um auch dann, wenn sie keine Zeit für den Friseur hatte, gepflegt zu wirken, oder ob ihre Allergie auch ihr Haar angegriffen hatte, wird wohl ein Geheimnis bleiben. Das Thema wurde jedenfalls nie angesprochen, und die Journalistin weigerte sich, trotz beißender Kritik ihrer Kollegen, darüber zu schreiben und sie zu verletzen. Ein anderes Geheimnis waren die hochkragigen Blusen, die Hannelore Kohl stets trug. Sie hatte sich etwa dreißig Stück davon machen lassen, die alle mehr oder minder ähnlich aussahen. Ungelöst bleibt die Frage, ob sie sie nur deshalb trug, weil ihr der Stil gefiel oder um ihre Haut zu verbergen.

Sie hatte das Glück, eine gute Figur zu haben, die sie ihr ganzes Leben halten konnte, schlanke Fesseln und schöne Beine. Sie aß sehr wenig – anders als ihr Gatte – und verbrannte sehr viel Energie dadurch, daß sie sehr beschäftigt war. »Meine Diät ist mein Terminkalender«, sagte sie immer. Sie trug am liebsten Hosen. Sie mochte Schmuck und trug ihn gern – doch nahm sie ihn einige Jahre lang vor den Fototerminen ab, wohl aus Furcht, daß die Leute glauben könnten, sie gebe das Geld, das sie für wohltätige Zwecke sammelte, für sich selbst aus. Meist trug sie einen kleinen herzförmigen Amethyst am kleinen Finger der einen, einen Siegelring an der anderen Hand. Keinen Ehering – bei einem der selten gewährten Blicke auf die romantische Seite ihrer Ehe enthüllte sie einmal, daß ihre Eheringe glänzend und neu in ihrer Schatulle lagen, »damit es nicht abwetzt«.

Als Kanzlergattin stand sie mehr denn je unter dauernder kritischer Beobachtung. Sie dachte lange nach, beriet sich mit anderen und bereitete sich gewissenhaft vor, bevor sie verkündete, welchen wohltätigen Zweck sie verfolgen wolle, und sie zögerte dabei so lange, daß man sich mancherorts schon Gedanken machte. Doch sie ließ sich nicht drängen. Mit ihrer neuen Rolle ging eine unausweichliche Flut an Interviews einher. Im Umgang mit den Medien war sie erheblich besser als ihr Mann – wenngleich ihre Position auch erheblich weniger umstritten war –, und der Erfolg, den sie darin hatte, sich als sensible, intelligente und attraktive Frau ohne jede Allüren darzustellen, polierte zweifellos auch Helmut Kohls Image erheblich auf. Im Fernsehen erwies sie sich als witzig, schlagfertig und vor allem als wärmere, klügere Frau, als die Zuschauer erwartet hätten. Zwar hätte sie gern darauf verzichtet, derart häufig in den Medien zu erscheinen, doch akzeptierte sie dies als Teil ihres Jobs. Sie verfügte nun über mehr Erfahrung damit und hatte gelernt, freundlich und offen zu wirken und dennoch jederzeit zu kontrollieren, was sie sagte. »Ich habe ja immer die Chance, mit jedem Wort, das ich sage, gleich zwei Leute zu blamieren: mich und meinen Mann.« Sie sprach sehr gern über ihre Wohltätigkeitsarbeit, entzog sich allem Tratsch und sprach nicht über Triviales, äußerte niemals irgendwelche politischen Ansichten und war ihrem Mann stets und unfehlbar loyal – so wie er ihr gegenüber. Und auch diesmal bewies sie, daß sie wohldurchdachte Aussagen zu ihrer neuen Rolle machen konnte. Sie sah sich als »mithelfende Ehefrau«, die »der Republik (dient), dem Ganzen, das nach innen und außen repräsentiert werden muß«. Die Vorstellung, sie könne sich dem entziehen, wäre »innerfamiliär nicht durchsetzbar« gewesen. Hätte sie sich verkrochen »wie eine Schnecke, dann wäre unser gemeinsames Leben gleich Null«.

Sie mußte auch besser vorbereitet sein als je zuvor. In Mainz war es um regionale Fragen gegangen, nun waren es nationale Probleme, europäische und internationale Themen. Sie mußte sich der Tabuzonen bewußt sein, der Punkte, die sie besser nicht ansprach, ebenso wie jener Themen, die gut ankamen. Schlau wie sie war, kannte sie die letzten Fußballergebnisse und Fußballergeschichten und überraschte so manches Mal ihre Mitmenschen, Männer zumeist, wieviel sie wußte. »Ich könnte selbstverständlich auch ohne Fußball leben, aber der hat einen hohen Stellenwert, und ich wäre nicht die Frau eines Politikers, wenn ich das nicht sähe«, meinte sie Dieter Zimmer gegenüber.

Nur wenige Außenstehende können ermessen, welch ungeheure Disziplin die Gattin eines führenden Vollzeitpolitikers aufbringen muß. 1986 skizzierte sie der »Bild der Frau« gegenüber einmal einen typischen Tag: »Hier in Bonn muß ich meistens um 6.15 Uhr aufstehen. Um 9.30 kamen Kinder des Hermann-Josef-Hauses, eines Kinderheims, denen ich einen Bären geschenkt hab' – fünf Kilo schwer, 1,5 Meter hoch, aus Butter mit Schokoladenüberzug, ich hatte ihn selbst in der Woche zuvor zum Geburtstag bekommen. Danach tranken wir Kakao. Um 10 Uhr der nächste Termin mit viel Presse. Mittagessen mit dem Lektor meines Buches. Dann eine Besprechung für ZNS (die Wohltätigkeitsorganisation, die sie gegründet hatte). Um 15 Uhr achtundzwanzig Damen aus Frankenthal zum Tee, die einen Weihnachtsbasar für uns (im ZNS, Anm. der Autorin) gemacht hatten. Dann hab' ich tatsächlich zehn Minuten nichts getan (sie lacht – notiert die Interviewerin). Dann zum fünfzigsten Geburtstag von Barbara Genscher. Ich brachte unser Geschenk mit und blieb eine Stunde zu Besuch. Anschließend Ausstellungseröffnung in der Landesvertretung von Rheinland-Pfalz – Bücher signieren. Und abends war ich mit meinem Mann endlich essen.«

Doch dies ist noch nicht alles. Verabredungen mußten getroffen und terminiert werden, Geschenke ausgesucht und gekauft, Essen arrangiert werden, wenn im Kanzlerbungalow Gäste erwartet wurden, denn wenn sie auch die Hilfe einer Sekretärin in Anspruch nehmen konnte, mußte sie die Entscheidungen dennoch selber treffen. Reden und Vorträge waren vorzubereiten, Briefe zu beantworten. Als Frau des Kanzlers erhielt sie viele Briefe von ganz gewöhnlichen Menschen, die eine Vielzahl von Bitten hatten oder Probleme vortrugen, die zu lösen sie gebeten wurde. Vieles davon wurde vom Kanzleramt erledigt, aber sie war stets sehr pingelig darauf bedacht, daß alle Briefe beantwortet wurden und jeder ein Dankesschreiben erhielt. Die passende Kleidung mit den dazugehörigen Accessoires mußte besorgt und stets bereitgehalten werden – sie hatte eine Reihe von Kleiderbeuteln, in denen sie das jeweilige Set mit passenden Accessoires aufbewahrte, um alles leicht nach Bonn oder wohin auch sonst nötig zu transportieren. Sie mußte sich für die verschiedenen öffentlichen Termine vorbereiten – die Gattin des Kanzler muß einfach wissen, warum sie zu einem

Ereignis geht, wen sie dort trifft, muß dafür sorgen, daß sie mit all den richtigen Personen spricht, muß stets freundlich sein, die jeweils passenden Bemerkungen machen und sich an den Terminablauf halten. Stets mußte sie lächeln, ganz egal, ob sie nun Kopfschmerzen hatte oder sich unwohl fühlte. »Ohne Disziplin geht es nicht«, sagte sie dann stets. Doch sie betonte immer wieder, daß sie das alles nicht als Belastung empfinde. Glücklicherweise zählte sie zu jenen Menschen, die stets gern alles bis ins kleinste Detail im voraus planen. Bevor sie in den Kanzlerbungalow zogen, maß sie die Räume aus und plante exakt, mit Hilfe kleiner, maßstabgerecht ausgeschnittener Papiermodelle, wohin welches Möbelstück sollte. Es paßte alles, bis auf ein Bücherregal, das aus irgendeinem Grunde nicht wie erwartet eingebaut werden konnte und zurückgeschickt werden mußte.

Bei Auslandsreisen vervielfältigten sich diese Anforderungen noch immens – und davon gab es jedes Jahr mehrere. Sie mußte vorab ausarbeiten, welche Kleidung sie entsprechend den klimatischen Verhältnissen und passend zu den vielen Verpflichtungen, die unterwegs auf dem Programm standen, einpacken mußte – stets bemühte sie sich, nicht zweimal im selben Kleid zu erscheinen. Sie hatte immer einen Extrakoffer für Notfälle gepackt, mit Bügeleisen, Ersatzknöpfen, einer Verlängerungsschnur, Sicherheitsnadeln, einem Ersatzwecker, einer Ersatzuhr und Arzneimitteln – und all dies stand selbverständlich allen Mitgliedern der Reisegruppe zur Verfügung. Das Außenministerium versorgte sie mit ausgezeichneten Informationen zu dem jeweiligen Land und zu ihren Verpflichtungen, daran denken mußte sie jedoch selbst – im Ausland war es noch wichtiger als daheim, Fehler zu vermeiden. Oft gab es nur wenig Zeit auf solchen

Reisen, sich umzukleiden – dreieinhalb Minuten war ihre beste Zeit –, bevor sie schon wieder zur nächsten Verabredung eilen mußte. »Reisen sind kein Erholungsurlaub, man ist von früh bis spät auf den Beinen«, berichtet die Gattin eines anderen Politikers. »Es wird halt auf Sie geschaut. Man braucht es nicht so ernst zu nehmen, aber es ist auch keine Nebensächlichkeit. Man muß an sehr viel denken, auch daß zu Hause alles weiterläuft.« Und man mußte für die Zeit direkt nach der Reise planen, »denn in Bonn geht es nachher weiter.« »Die Leute sehen im Fernsehen nur den Glanz – in Wirklichkeit wird einem auf Reisen zum Beispiel ein Höchstmaß an körperlicher und geistiger Disziplin abverlangt«, meinte Hannelore Kohl einmal. »Ganz schön strapaziös.«

Auf solchen Auslandsreisen oder bei Deutschlandbesuchen ausländischer Staatsmänner brillierte sie. Dank ihres Sprachenstudiums sprach sie fließend Französisch und Englisch und bezauberte damit ihre hochgestellten Gäste. (Diese Fremdsprachenkenntnisse, so glaubt ein früherer Mitarbeiter Helmut Kohls, waren womöglich der psychologisch ausschlaggebende Grund, warum Helmut Kohl niemals etwas anderes als Deutsch sprach, obwohl er Englisch und Französisch sehr gut versteht.) Auch ihre Begabung zum Witzeerzählen kam gut an, vor allem beim amerikanischen Präsidenten Ronald Reagan, der über ihre Scherze schallend lachen konnte. Bei einem offiziellen Diner gab er den anwesenden Gästen begeistert einen Witz weiter, den sie ihm gerade erzählt hatte. Warum gibt es in der DDR keine Banküberfälle? Weil die Bankräuber zehn Jahre auf ein Fluchtauto warten müssen. Ganz gleich, wo sie auch waren, stets sorgte sie dafür, daß sie nicht im Rampenlicht stand – für sie sollte es keinen Starrummel geben wie für Jacqueline Kennedy. Interessierten sich Journalisten aus dem Begleittroß für sie, betonte sie sogleich, daß dies *seine* Reise sei. Sie blieb immer einen Schritt hinter ihm, stand neben ihm, aber immer ein wenig nach hinten versetzt. Während er seine Reden hielt, hielt sie sich stets im Hintergrund.

Ausländische Gastgeber organisieren während der Staatsbesuche üblicherweise, und das in bester Absicht, ein Damenprogramm, doch Hannelore Kohl, ebenso wie manche andere Gattin, zog dem jene Termine vor, bei denen sie mit ihrem Gatten zusammen war. Frauen in ihrer Position finden, es gebe ihnen und ihrem Gatten mehr, wenn sie zusammen sind. »Außerdem ist es sehr bereichernd, wenn man die internationalen Entwicklungen aus nächster Nähe mitbekommt«, meinte eine von ihnen.

Die erste offizielle Reise ins Ausland, die sie allein unternahm: Im Juli 1987 war sie nach Washington eingeladen worden, um dort von der amerikanischen United Services Organisation (USO) als »Frau des Jahres« ausgezeichnet zu werden. Sie war die erste Nichtamerikanerin, die diese Auszeichnung erhielt, welche zuvor solchen Persönlichkeiten wie der Schauspielerin Elisabeth Taylor und Nancy Reagan, der Frau des Präsidenten Ronald Reagan, verliehen worden war; letztere hatte auch vorgeschlagen, Hannelore Kohl damit zu ehren. Das sollte in Anerkennung ihrer Bemühungen sein, das Leben der Familien amerikanischer Armeeangehöriger in Deutschland zu erleichtern, nicht nur als Kanzlergattin, sondern auch schon während der Amtszeit ihres Mannes als Ministerpräsident von Rheinland-Pfalz, wo es zahlreiche amerikanische Garnisonen gegeben hatte. Der ehemalige Außenminister Henry Kissinger sagte in seiner

Laudatio: »Sie ist nicht nur die Frau des Bundeskanzlers, sie ist eine eigenständige Persönlichkeit.« Zusammen mit anderen Gästen war Hannelore Kohl, neben dem Präsidenten Reagan und seiner Gattin Nancy, zu einem Diner bei Katherine Graham, der inzwischen verstorbenen, einflußreichen Herausgeberin der »Washington Post« geladen, doch den Großteil ihres fünftägigen Aufenthalts in Washington verbrachte sie damit, sich zu entspannen und die Stadt zu genießen. »Es ist so schön für mich, endlich einmal Zeit zu haben«, sagte sie.

Eine von Hannelore Kohls wichtigsten Talenten war ihre Fähigkeit, nahezu überall schlafen zu können. »Mein Mann ist ein guter Esser. Ich bin ein guter Penner«, sagte sie einmal. Sie brauchte den Schlaf, um wieder aufzutanken, er gab ihr frische Kraft, und sie konnte trotz des Lärms im Auto, im Flugzeug, ja selbst im Helikopter schlafen. Helmut Kohl ist ein Nachtmensch, und selbst wenn er völlig erschöpft nach Hause kam, wollte er immer noch aufbleiben und reden. Also hinterließ sie am späten Vormittag häufig eine Nachricht, sie dürfe nicht gestört werden, und holte dann etwas Schlaf nach.

Ebenso strapaziös, wenn auch in anderer Hinsicht, waren die Wahlkämpfe. Vor und nach Kohls Wahl zum Kanzler begleitete sie ihn auf den Wahlkampfreisen durch Dutzende von Städten, packte seine Koffer, sorgte stets für ausreichenden Hemdennachschub – er verbrauchte fünf bis sechs Stück am Tag – und für frische Anzüge. Im Winter hielt sie seinen Mantel bereit und ließ den Motor laufen, damit er sich nicht erkältete, wenn er nach den Reden erhitzt zum Wagen eilte. Sie reichte ihm Milch mit Honig, für seine strapazierte Kehle. Gleichzeitig traf sie sich mit Leuten, schüttelte

Hände, gab Autogramme – die Routine der Politikergattin. Sie hielt allerdings nie eine Rede – stets beharrte sie darauf, daß er sich um ein Mandat bewerbe, nicht sie.

Die Frau eines Politikers zu sein birgt viele Gefahren, doch die zierliche Hannelore schien das Unglück geradezu anzuziehen. Im Laufe der Jahre erlitt sie zahlreiche Verletzungen, mal abgesehen von den in diesem Job üblichen Blessuren durch überherzliches Händeschütteln, die Prellungen, Quetschungen und verletzten Zehen, denen sich eine Frau in der Menschenmenge ausgesetzt sieht, die sie und ihren Mann umgibt. Sehr schnell lernte sie, kniehohe Stiefel zu tragen, um ihre Beine zu schützen, und empfindliche Kleidungsstücke, zum Beispiel Samtjacken, im Schrank hängen zu lassen. Bei einer Gelegenheit wollte ihr eine Frau unbedingt einen Kuß auf die Wange geben und drehte ihr dabei derart heftig den Hals um, daß ein Wirbel ausgerenkt wurde. Ein anderer wohlmeinender Mensch schüttelte ihr so heftig die Hand, daß diese ebenfalls ausgerenkt war. Kurz vor der Wahl ihres Mannes zum Kanzler im Jahre 1982 trug sie eine Gehirnerschütterung davon, als ein Fotograf auf die Kutsche sprang, in der sie saß, und sie aus Versehen mit dem Fotoapparat am Kopf traf. Auf einer Wahlkampftour 1983 verletzte sie sich am Knöchel und mußte ihren Gatten und den amerikanischen Präsidenten George Bush auf Krücken begleiten. Auf einer anderen Wahlkampfreise 1986 sprang eine Frau, die einen besseren Blick auf sie erhaschen wollte, von einem kleinen Hügel herab direkt auf ihren Fuß, brach ihr den Mittelfußknochen und zwang sie so, zu Hause und in ihrem Feriendomizil in St. Gilgen in Österreich mit Stock herumzuhumpeln – kein Schuh wollte ihr mehr passen. 1987 erlitt sie eine schmerzhafte Bänderzerrung am Knöchel, als sie bei einem offiziellen Besuch in Katmandu in Nepals gerade aus der Limousine aussteigen wollte, der Chauffeur aber plötzlich anfuhr. 1999 wiederum mußte sie einen Gipsstützkragen tragen, nachdem erneut ein Fotograf sie aus Versehen mit seiner Kamera im Nacken getroffen hatte. Das geschah während eines Essens mit der französischen »First Lady«, Danielle Mitterand, beim KSZE-Gipfel in Paris. Von ihren »privaten« Unfällen, so zum Beispiel einem Schleudertrauma, das sie bei einem Auffahrunfall auf der A61 bei Hockenheim 1995 erlitt, Stürzen, Verrenkungen und einer Gallenblasenoperation 1990 ganz zu schweigen. Doch innerlich blieb Hannelore eine starke Frau. Sie nahm dies alles hin, beklagte sich nie und kehrte stets so schnell wie möglich wieder zu ihren Pflichten zurück.

Ludwigshafen blieb auch weiterhin ihr Hauptwohnsitz; das Ehepaar Kohl bemühte sich darum, an den Wochenenden dort zu sein. Oft war das Haus voller junger Burschen, Freunde, die die Söhne eingeladen hatten. Bonn war für Hannelore Kohl der Arbeitsplatz; zwar lernte sie sehr viele Menschen kennen und verstand sich ausgezeichnet mit anderen Politikern und deren Frauen, doch blieben das zumeist oberflächliche Beziehungen und entwickelten sich nicht zu echten Freundschaften. Bonn war nicht der Ort für Intimitäten. »Es ist reines Wunschdenken zu glauben, daß man in der Welt der Politik wahre Freunde gewinnen kann«, meinte jemand, der es nur zu gut wissen müßte. Man kann keine Freundschaften pflegen, wenn man derart intensiv mit Verpflichtungen und Reisen beschäftigt ist und sein eigenes Zuhause und den Wahlkreis irgendwo anders hat. Die wahren Freunde der Politikerfrauen – und bei Hannelore Kohl war das der Fall – sind meist Freunde aus Schultagen, aus der gemeinsamen Arbeit oder aus Lebensbereichen, die fernab des Politischen liegen. Und, wie eine dieser Frauen betonte, sei es wichtig, diese Freundschaften aufrechtzuerhalten und zu pflegen, weil diejenigen, die unter all den politischen Kontakten nach wahren Freunden suchen, auf Sand bauen.

Hannelore Kohl war gut darin, sich mit den Frauen ausländischer Staatsmänner anzufreunden – auf diplomatische Weise. Helmut Kohl lud sich gern Staatsmänner, die für ihn besonders wichtig waren, ins Haus in Ludwigshafen ein und knüpfte so neben den offiziellen auch persönliche Beziehungen mit ihnen. In der Zeit der Wende und der Wiedervereinigung stellten sich diese Beziehungen als besonders wichtig heraus und sollten den Verlauf der Ereignisse entscheidend beeinflussen. Bei solchen Einladungen kümmerte sich Hannelore Kohl, wie zu erwarten, um die Gattinnen. Sie verstand sich überaus gut mit Barbara Bush und, obwohl sie sich nur mit Hilfe eines Dolmetschers verständigen konnten, mit Raissa Gorbatschowa. Es ist allgemein bekannt, daß Helmut Kohl und Michail Gorbatschow Freundschaft miteinander geschlossen haben, die weit über ihre Amtszeiten hinausreichte, doch aus Anlaß von Hannelore Kohls Tod betonte Gorbatschow, daß es die beiden Frauen gewesen seien, welche die Freundschaft der beiden Familien besiegelt hätten. Hannelore und Raissa aßen am 14. Juni 1989 gemeinsam mit ihren Gatten im Kanzlerbungalow zu Abend; danach machten die beiden Männer einen mitternächtlichen Spaziergang durch den Kanzlerpark, setzten sich auf die Mauer, von der aus man den Rhein überblickt, und Kohl machte dort seine berühmte Bemerkung: Die Geschichte sei wie eben jener Fluß; man könne versuchen, sie einzudämmen, doch stets würde sie sich einen Weg bahnen; die deutsche Einheit könne zwar hinausgeschoben, aber nicht aufgehalten werden. Als sie sich an jenem Abend voneinander verabschiedeten, so erinnerte sich Kohl später, umarmten sich Gorbatschow und er. »Für mich war dieser Abend ein Schlüsselerlebnis. Ich denke, für Gorbatschow auch.«

Ihre Männer machten Geschichte; Raissa und Hannelore leisteten ebenfalls, wenn auch mit erheblich weniger Publicity, ihren Beitrag für eine Welt nach dem Kalten Krieg. Wegen ihrer schrecklichen Kriegserlebnisse, sagt man, habe Hannelore Kohl gezögert, ihren Mann auf dessen ersten offiziellen Staatsbesuch nach Moskau zu begleiten. Doch 1989 besuchten Raissa Gorbatschowa und sie gemeinsam den Soldatenfriedhof Stukenbrock in Westfalen, wo 65 000 sowjetische Soldaten begraben liegen, ein Auftritt, der sie sicherlich viel Selbstüberwindung gekostet haben mag. Es war ein ergreifender Augenblick. Als sie vor dem Mahnmal standen, ergriff sie Raissas Hand und wußte ohne viel Worte, daß sie beide dasselbe dachten – niemals wieder sollte es einen solchen Krieg geben. Die beiden gründeten ein Begegnungsforum für junge deutsche und russische Musiker, damit diese das musikalische Leben des jeweils anderen Landes kennenlernen konnten.

Diese Zeit war sicherlich die aufregendste Phase der Amtszeit Helmut Kohls. Hannelore Kohl war stärker daran beteiligt, als es den Anschein hat. In den Memoiren einiger Beteiligter spielt sie, wenn überhaupt, nur die Rolle einer Statistin – »die Kohls«, »die Ehepaare«, »meine Frau und ich«. Doch das Flüchtlingskind aus dem Osten war auch persönlich emotional stark an den Bemühungen ihres Mannes um die Wiedervereinigung interessiert. Danach zu streben war erheblich problematischer, das Ziel bedeutend schwieriger zu erreichen, als dies heute den Anschein haben mag, und es gab entmutigende Augenblicke, wo das Ganze nahezu unerreichbar scheinen mußte. Hinter den Kulissen jedoch, so Bernhard Vogel, hat Hannelore ihren Mann »darin bestärkt, am Ziel der Einheit Deutschlands in Freiheit unbeirrt festzuhalten, darum beherzt zu kämpfen, die einmalige historische Chance zu nutzen«. Am 26. November 1989 brachte ein Fahrer den Text jener Schlüsselrede, in der Kohl den Zehn-Punkte-Plan zur Vereinigung verkünden sollte, in ihr Heim nach Ludwigshafen. »Manche wertvolle Anregung« von Hannelore, wie Helmut Kohl sich in seinem Buch »Ich wollte Deutschlands Einheit« erinnert, und die Unterstützung zweier befreundeter Geistlicher, den Gebrüdern Ramstetter, halfen ihm bei der Ausformulierung von Ergänzungen und einiger Änderungen, die Hannelore auf ihrer Reiseschreibmaschine tippte. Einige Museen liebäugelten heftig mit dieser Schreibmaschine, doch sie behielt sie selbst.

Zu seinem sechzigsten Geburtstag im April des folgenden Jahres merkte Helmut Kohl an: »Aufgrund der Erfahrung meiner Frau, die ja Flüchtling ist, weiß ich wohl zu schätzen, was es heißt, in der angestammten Heimat leben zu können. Und wenn es in diesen Tagen, Wochen und Monaten um wichtige Entscheidungen der deutschen und europäischen Politik geht, die auch die Grenzen berühren, um Entscheidungen, die viele betreffen, die ihre Heimat verloren haben, so habe ich sehr viel Verständnis für deren Empfindungen – soweit das überhaupt möglich ist für jemanden, der Flucht und Vertreibung selbst nicht erlebt hat.«

Und als alles vollbracht war, war Hannelore selbstverständlich zum krönenden Abschluß dabei, der bedeutendsten Nacht in der politischen Karriere ihres Mannes, der Nacht der Wiedervereinigung am 2. Oktober 1990. Dieses eine Mal verlor sie die Selbstkontrolle, und sie weinte und lachte zugleich aus schierer Freude darüber. Sie berichtete Jochen Kummer von der »Welt« wie sie an seiner Seite auf den Stufen des Reichstages alles erlebte: »Es war ein gewaltiges Geschiebe und Gedränge. Der Anblick war faszinierend, einfach unglaublich. Man blickte hinaus und sah ein Menschenmeer bis ins Unendliche. Soweit man sehen konnte, nur Menschen. Es war eine riesige Woge der Begeisterung, die lauten Rufe, die freudige Stimmung. So etwas hatte ich noch nicht erlebt. Zu uns schallten immer wieder ›Helmut! Helmut!‹-Rufe herauf. Sie kamen, ich spürte es, von Herzen. Ich konnte sie nachempfinden. Alle sehen meinen Mann als denjenigen, der die deutsche Einheit vollendet hat ... Ich habe spontan gewunken. Es war so selbstverständlich in diesem großen Augenblick. Ich wollte damit ausdrücken, wie wir uns gegenseitig ansehen und miteinander freuen. Mir war bewußt, Zeugin eines bedeutenden Ereignisses zu sein. Wir alle waren begeistert. Es stimmt, daß ich auch davor gebangt habe. Dann kam der große Moment. Ich war einfach glücklich.

Plötzlich drängten Menschen zur Außenmauer des Reichstagsgebäudes, zu dem Holzpodest, auf dem wir alle standen. Ich hatte plötzlich Sorge, die Woge würde zu kräftig und Menschen könnten dabei zu Schaden kommen. Alle auf dem Podest sahen das heranbranden, und uns war klar, daß es kein Halten gab. Erst als mein Mann sich ins Innere des Hauses zurückzog, ließ das Gedränge nach.

Ich hatte Herrn Brandt, der direkt neben mir stand, mehrfach die Hand geschüttelt und seinen Arm gefaßt. Er weinte. Ich sagte zu ihm: ›Sie sind einer, der erste Schritte bereitet hat.‹

Wir schauten vom Saal immer wieder zum Fenster hinaus, und immer wieder kamen die ›Helmut‹-Rufe von den Zehntausenden. Es brandete Jubel auf, sobald mein Mann sich zeigte.

Wir waren dann lange im Inneren des Hauses. Journalisten und Freunde umarmten sich gegenseitig, jedem kamen irgendwann die Tränen. Mir auch. Ich hatte mir so fest vorgenommen, das zu verhindern. Aber irgendwann liefen auch mir die Tränen. Mein Gott! Auf einmal freut man sich so sehr, daß Lachen und Weinen ineinander übergehen.«

Es waren berauschende Zeiten. Die Wiedervereinigung hatte Helmut Kohl sichtlich verändert. Er wirkte so selbstsicher wie nie zuvor. Er schien glücklich und erfüllt. Er hatte Geschichte gemacht. Nun mußten alle anerkennen, was er schon immer geglaubt hatte – er war ein großer Staatsmann. Vor allem aber hatte er über seine Kritiker obsiegt – über jene verhaßten linken Zeitungen und Magazine, die stets gegen ihn gewesen waren. Auch sie konnten ihn nur noch loben und bewundern. Rudolf Augsteins Ausruf: »Hut ab, Kanzler!« im »Spiegel« muß eine ungeheure Genugtuung für ihn gewesen sein.

Helmut Kohl hatte bewiesen, daß er sie alle nicht brauchte. Er hatte es trotz ihrer ständigen Wadenbeißerei geschafft. Doch statt nun aus lauter Gutmütigkeit alles zu vergeben und zu vergessen und sich um Aussöhnung zu bemühen, behandelte er die kritische Presse weiter mit wachsender Feindseligkeit und Verachtung. Das sollte sich als katastrophaler Fehler erweisen.

Ein Jahr später wurden Hannelore und Helmut Kohl von einem privaten Schicksalsschlag getroffen – ihr jüngerer Sohn Peter hatte auf der Autostrada nahe Bologna in Italien einen fürchterlichen Unfall in seinem VW Golf. Er mußte aus dem

Wrack befreit und künstlich beatmet werden. Sein Leben hing am seidenen Faden. Hannelore, die vor Sorge ganz außer sich war, bestand darauf, daß sie auf dem schnellsten Wege zu seinem Krankenbett gebracht wurden, was bedeutete, eine Bundeswehrmaschine zu chartern. Sie blieb dort, betete für ihn und flehte einem Bericht zufolge: »Wir wollen keine Kanzlerfamilie sein, wir wollen, daß Peter lebt.« Nach zwei Wochen erwachte er aus dem Koma. Die Freude über seine Genesung wurde nur durch die Rechnung für den Flug jäh unterbrochen – 70 000 DM.

Freunde und Bekannte sagten manches Mal – aber nicht immer nur – scherzhaft, Hannelore wäre der bessere Kanzler als Helmut gewesen. Sie jedoch wies jede Andeutung, sie könne ebenfalls in die Politik gehen, weit von sich. »Ich bin nicht intelligent genug«, meinte sie einmal – eine überraschende Bemerkung, wo doch sie so gut wie jeder andere wußte, daß Politik weniger mit Intelligenz – von der sie sicher mehr als genug besaß – denn mit Instinkt und einer bestimmten Art von Persönlichkeitsstruktur zu tun hat. Allerdings gibt es keinerlei Zweifel, daß sie auf vielerlei Art entscheidenden Einfluß auf ihren Mann hatte. Schon zu Mainzer Jahren fiel es Mitarbeitern auf, daß Kohl an den Montagmorgen mit frischen Ideen und Einsichten ins Büro kam, die zum Großteil daher rührten, daß er mit Hannelore gesprochen hatte. Dr. Vogel erinnerte sich viele Jahre später an seine Zeit als Kultusminister in Kohls Mainzer Regierung: »Was Walter und Peter während ihrer Schulzeit erlebten und was Hannelore Kohl darüber dachte, war für den damaligen rheinland-pfälzischen Kultusminister oft nicht weniger wichtig als eine Sitzung im kulturpolitischen Ausschuß des Landtages.«

Sie selbst verriet nie, wie sehr und auf welche Weise sie auf ihn Einfluß hatte, nicht zuletzt, weil sie nicht für die Konsequenzen verantwortlich gemacht werden wollte. Nur ein einziges Mal wurde ihr direkter Draht der Außenwelt sichtbar, als der »Spiegel« 1988 berichtete, daß sie sich gegen Versuche der CDU/CSU aussprach, Frauen die Abtreibung noch weiter zu erschweren. Hannelore Kohl machte sich Sorgen um Frauen in Not, Helmut Kohl sah dies ganz pragmatisch als Politiker und erkannte, daß er die Wählerinnen, die die Partei eh schon in Scharen im Stich ließen, nur noch mehr verschrecken würde. Doch sie wies auch darauf hin, daß ihr Mann sich immer viele Ratschläge und Meinungen anhörte, bevor er seine eigenen, ganz unabhängigen Entscheidungen traf. Ihre scharfe Beobachtungsgabe war unschätzbar – sie konnte ihm zum Beispiel die Wahrheit über seine Auftritte bei einer Wahlveranstaltung sagen, sie sagte ihm, er solle sich klarer ausdrücken, sie hörte zu und berichtete ihm, was die einfachen Leute dachten. »Sie war eine scharfe Kritikerin von ihm, er hat sehr auf sie gehört«, meinte ein Freund.

Winston Churchill bemerkte einmal, eines der Geheimnisse seiner siebenundfünfzig Jahre langen und offenbar glücklichen Ehe mit Clementine sei in der Tatsache begründet, daß sie sich erst zum Abendessen zu Gesicht bekämen. Hannelore und Helmut Kohl, die immerhin einundvierzig Jahre miteinander verheiratet waren, haben womöglich noch weniger voneinander gehabt. Selbst der Urlaub schuf da kaum Ausgleich. Einmal im Jahr, um Ostern, machte Helmut Kohl eine Fastenkur im Kurhotel St. Georg in Bad Gastein, um dort nach der Franz-Xaver-Mayr-Methode abzuspecken. Die Kur besteht aus ein paar Tagen Kräutertee und Mineralwasser, bevor man sich zu einem trockenen Brötchen und Joghurt oder Buttermilch hocharbeitet. Hannelore Kohl, die nicht abnehmen mußte, besuchte ihn dort gelegentlich für ein paar Tage. Ihr einziger gemeinsamer Urlaub im Jahr ging jedes Jahr nach St. Gilgen am Wolfgangsee. Dort hatte sie vor vielen Jahren ein Haus mit Blick auf den See und die Berge entdeckt, das sie nun jeden Sommer mieteten. Diese Gleichförmigkeit wird allgemein für seine, nicht ihre Idee gehalten – Vertrautheit und Kontinuität waren offenkundig ein bedeutender Bestandteil seiner Erholung. Zum Glück für sie war es nicht allzuweit bis zu den Salzburger Festspielen. Doch auch dort war die gemeinsame Zeit sehr begrenzt. Der Kontakt zum Kanzleramt wurde hergestellt, Kohl hatte zu arbeiten und ließ sich auf dem laufenden halten. Dann gab es einen Strom von Politikern, Journalisten und Mitarbeitern, die zu Besuch kamen, und wenn diese ausblieben, Gespräche mit dem Bürgermeister im Dorf. Während er sich mit dieser Art von Politik beschäftigte, ging sie »Spazierschwimmen«, wie sie es nannte, zwei, drei oder gar vier Stunden am Stück, quer über oder rund um den See. Unverzichtbarer Bestandteil der Urlaubsroutine waren die Fototermine: die Kohls im Urlaub vor Postkartenmotiven, die freundliche Bauern in der Gegend zur Verfügung stellten. Jahr für Jahr fütterten sie vor dem Hintergrund von Wiesen und Bergen Rehe, kraulten sie Katzen, lächelten Kälbern zu – eine kitschige Fünfziger-Jahre-Idylle, bei deren Anblick die Kohlkritiker in verächtlich schallendes Gelächter ausbrachen, die aber – und Kohl kannte seine Pappenheimer – zweifellos die breite Masse der Durchschnittswähler ansprach.

Der Urlaub in Österreich zumindest bot Hannelore Kohl

Gelegenheit, den Eßgewohnheiten ihres Mannes ein wenig Disziplin aufzuerlegen und ihn womöglich dazu zu bringen, ein paar Pfunde abzuspecken. »Ich kämpfe bei ihm um jedes Kilo«, beichtete sie einmal. Mit begrenztem Erfolg. Peter Boenisch, ehemaliger Regierungssprecher, erinnert sich, wie er einmal Helmut Kohl in St. Gilgen besuchte und dieser vorschlug, doch eine interessante Kapelle zu besichtigen. »Als wir dort ankamen, merkte ich, daß die Kapelle nur ein Grund für den Spaziergang war, der andere war eine nahe gelegene Konditorei, wo er eine gewaltige Portion Tiramisu vertilgte.«

Immer wieder mal wollte sie ihn davon abhalten, sich auf ein reichhaltiges Essen zu stürzen, und immer wieder erhielt sie zur Antwort: »Laß mich doch, wenn es mir schmeckt!« Wie bei so vielem anderen mußte sie schließlich die Tatsache akzeptieren, daß Genießen ein untrennbarer Teil seiner Persönlichkeit war. »Besser, er rennt dreißig Jahre in der Form, die ihm angemessen erscheint, als daß er fünfzig Jahre kriecht und unglücklich ist.«

Ungeachtet möglicher Belastungen in frühen Jahren machte ihre Ehe, von außen zumindest, den Eindruck einer intakten partnerschaftlichen Beziehung. Menschen, die sie gut kannten, beschreiben sie als locker, kameradschaftlich, kumpelhaft. In ihrer freien Zeit machten sie gemeinsam lange Spaziergänge. Hannelore Kohl sprach von ihrem Mann auf eine warmherzige, freundliche, manchmal gar bewundernde Art, auch wenn sie einräumte, daß sie in einigen Fragen unterschiedlicher Ansicht seien. Ihre Ehe, so betonte sie, basiere auf »grenzenlosem Vertrauen« zueinander. Vielleicht gab es Dinge, die ihr auf die Nerven gingen, aber sie hatte Wege gefunden, damit zurechtzukommen. Niemals sagte sie (was viele andere Frauen getan hätten), sein ausgeprägter Ordnungssinn und seine Überpünktlichkeit treibe sie in den Wahnsinn, sondern »Ich bin immer wieder verblüfft« darüber, oder »Ich muß mich immer wieder daran gewöhnen«. Er wiederum schien Probleme mit ihrer Geschäftigkeit zu haben, ihrer »Rumrennerei«, vor allem dann, wenn er sich zu entspannen versuchte. Doch trotz ihrer Anpassungsfähigkeit gab es Zeiten, in denen das Leben mit ihm sehr schwer gewesen sein muß. »Sie haben auch einen schwierigen Mann«, meinte sie in einer anstrengenden Situation zu einer Leidensgenossin, »Sie wissen, wie es ist.«

Die Zeit verging, ihr Mann schien nahezu untrennbar mit seinem Amt verbunden, und nach und nach ging ihre offenkundige Perfektion, mit der sie ihre Pflichten erfüllte, manchen Leuten ziemlich auf die Nerven. Ihre Kleidung und ihre Frisur wurde immer häufiger als altmodisch abgetan. Ihr Lächeln – sie zeigte selten eine andere Gesichtsregung – erschien vielen als maskenhaft. »Sie war eine puppenhafte Figur«, meinte ein prominenter Politjournalist abfällig. Warum schien sie immer zu posieren? fragte sich die Presse. Warum zeigte sie nichts von ihrer wahren Persönlichkeit? Der Gedanke, daß sie sich »alle Mühe (gab), den Eindruck unerschütterlicher Harmonie zu erwecken«, bereitete Unbehagen. Bernhard Vogel verteidigte sie: »Zu sagen, sie habe eine Maske getragen, ist eine unfreundliche Art zu sagen, daß sie ungeheuer diszipliniert war. Sie war nicht zweigeteilt.«

Die Autorin hat dieses Buch in dem Glauben begonnen, daß Hannelore Kohls öffentliche Person nur eine Fassade darstellte und daß sich dahinter die »wahre« Hannelore Kohl verbergen müsse. Ein Irrtum. Trotz der Tatsache, daß sie in der Öffentlichkeit stets ihre Zunge zu hüten hatte und sich immer der Tatsache bewußt war, daß sie beobachtet wurde, wird immer deutlicher, daß sie dabei niemandem Theater vorspielte. Die öffentliche Hannelore Kohl war die wahre Person, die ihre Pflichten voller Überzeugung und mit aller ihr zur Verfügung stehenden Kraft erfüllte. Wenn das Ganze denn überhaupt eine Fassade war, dann eine, in die sie hineingewachsen war, an die sie glaubte und mit der sie vollständig verschmolzen war. Jemand, der sie gut kannte, formulierte dies so: »Sie war so stark im Käfig ihrer Rolle verankert, sie konnte nicht über diese Rolle springen. Da war immer etwas Künstliches an ihr, sie war konditioniert auf diese Rolle.«

Und doch wies diese Fassade Sprünge auf. Manchmal war sie zu euphorisch, zu herzlich, wirkte merkwürdig überdreht, was einige Journalisten skeptisch machte. Zwar gab es keinerlei Beweise, doch kursierte das Gerücht, sie nehme manchmal Aufputschmittel. Im Privaten gab es Momente, wo sie sich verbittert über ihre Lage äußerte. »Sie war oft unglücklich«, meinte jemand, der sie gut kannte. »Sie war sehr viel verletzlicher, als man meint«, ein anderer. Und es gab Augenblicke, wo ihr alles zuviel wurde und sie sich bei einer Busenfreundin ausweinen mußte.

Frauen, die sie in späteren Jahren näher kennenlernten – sie unterhielt zu Frauen warmherzigere und vertraulichere Beziehungen als zu Männern –, beharrten darauf, daß sie eine »tolle« oder »ganz patente Frau« sei: lebhaft, intelligent, amüsant und mit Herzensbildung. Dabei handelt es sich keineswegs um Frauen, die sich mit ihrem Lebensstil oder der politischen Haltung ihres Mannes identifizieren. Der Erfolg, den sie in ihrer Rolle erzielte, vor allem in ihrer Wohltätigkeitsarbeit, hatte ihrem Selbstvertrauen und ihrem Selbstwertgefühl zweifellos gutgetan. Ebenso wahr ist allerdings, daß sie sich selbst eine ungeheure Disziplin auferlegte, wenn sie »im Dienst« war. Zahlreiche Personen, die mit ihr zu tun gehabt haben, sagen vollkommen unabhängig voneinander, daß sie manchmal so gewirkt habe, »als ob jemand anderes in ihr herauszukommen versuche«. Vielleicht handelte es sich dabei um das spontanere, leichtfertigere Ich, das privat gern Witze riß und bei Zigaretten und reichlich Sekt oder Champagner lachte, das – gerade so wie in jungen Jahren – bissige Bemerkungen machte und sich über die Absurditäten des politischen Alltags und ihres eigenen Lebens amüsierte. Dann schleuderte sie ihre Schuhe von sich, witzelte und lachte mit Kollegen nach den Arbeitssitzungen im Kuratorium. Sie verfügte über einen unerschöpflichen Fundus an Witzen und sammelte immer noch mehr. »Sie konnte fluchen wie ein Weltmeister«, meinte ein Freund. Aber sie konnte auch sarkastisch bis zur Boshaftigkeit sein. Sie war äußerst charmant, wenn sie wollte, aber sie konnte auch sehr zickig, manchmal sogar launisch werden, vor allem dann, wenn die Dinge nicht so liefen, wie sie geplant hatte. Wurde sie angegriffen oder war sie verärgert, konnte sie sehr schneidende Bemerkungen machen.

War sie denn glücklich mit dem Leben, das sie führte? Das wurde sie unzählige Male gefragt, und nicht ein einziges Mal antwortete sie rundheraus ja. »Ach, ich bin zufrieden«, sagte sie der Journalistin Ulrike Posche. »Ich glaube nicht, daß man generell glücklich sein kann. Glücklich ist man nur eine begrenzte Zeit, ich bin zufrieden. Manches gelingt mir, ich bin nicht in Turbulenzen, bin nicht niedergeschmettert, alles geht seinen Gang. Ich hatte schon schlechtere Tage.« Glück, das waren nur seltene Augenblicke wie jene, als sie ihr Abitur bestand, als ihr Mann und sie nach der Hochzeit in das eigene Haus zogen, als sie ihre Söhne nach der Geburt zum ersten Mal in ihren Armen hielt. Sie schien sich beigebracht zu haben, nicht allzuviel vom Leben zu verlangen. Einmal hatte sie einen Satz gelesen, den sie nie wieder vergaß: »Nur unsere Träume stehen unserem Glück entgegen.«

Allerdings wußte sie genau, was sie geleistet hatte. Als Mutter war sie mehr als nur erfolgreich gewesen, ihre Söhne hatten sich prächtig entwickelt, und sie hatte es geschafft, sie vor den Blicken der Öffentlichkeit zu schützen – tatsächlich verbrachten sie einen beachtlichen Teil ihrer Zeit damit, im Ausland zu studieren oder zu arbeiten. Die Familie hatte ein ausgezeichnetes Verhältnis zu ihr, und trotz aller Probleme, die die Karriere ihres Mannes mit sich brachte, blieb der Verbund intakt. Peter hatte sich von dem schweren Autounfall in Italien erholt und seinen Militärdienst bei den Fallschirmjägern, der seiner Mutter viele Sorgen bereitet hatte, heil überstanden. Walter heiratete und bekam Kinder, ohne daß dies in der Öffentlichkeit groß bekannt geworden wäre. Sie füllte ihre öffentliche Rolle perfekt aus. Und sie leistete wertvolle gesellschaftliche Arbeit mit ihrem Kuratorium für Unfallopfer mit Hirnverletzungen, was ihr persönlich großen Respekt der Fachleute für ihren Einsatz und für ihre Kenntnisse in diesem hochspezialisierten Gebiet einbrachte. Und, wie sie und ihr Mann mit Stolz vermerkten, stets scharten sich die Bürger um sie – mehr als bei so manchem Politiker.

Direkt nach den Bundestagswahlen vom 6. März 1983, als die Regierung Kohl die Bestätigung durch die Wähler erlangte – mit einer deutlichen Mehrheit von 48,8 Prozent, dem besten Ergebnis seiner ganzen Laufbahn –, feierte sie ihren fünfzigsten Geburtstag. Während einer Feier im Kanzlerbungalow, gleich im Anschluß an den obligatorischen Wahlabend im Konrad-Adenauer-Haus, prostete er ihr zu Mitternacht mit einem Glas Deidesheimer Kieselberg zu: »Auf die nächsten fünfzig Jahre!« Mancher Beobachter fragte sich, ob er damit ihre Lebensjahre oder seine Regierungszeit gemeint hatte.

Ihr sechzigster Geburtstag sollte vollkommen anders verlaufen. Krank und schwach verließ sie nur kurz das Krankenhaus, wo sie wegen einer schweren Allergie lag, die sie nach einer leichten Grippeerkrankung entwickelt hatte. Eine für sie vorbereitete große Geburtstagsfeier mußte abgesagt werden. Wie Persephone, die ihrem Schicksal nicht entging, weil sie in der Unterwelt einen Granatapfelkern verschluckt hatte, hatte sie drei Penizillintabletten genommen …

5

Am Abend des 4. Januar 1998 teilten sich David Stachowiak und ein Freund mit zwei befreundeten Schwestern in der Residenz ihres Vaters, des peruanischen Botschafters, im Bonner Regierungsviertel eine Pizza. Danach verließen die Jungen das Haus und gingen zur Straßenbahnhaltestelle an der B9, der Hauptverkehrsstraße Bonns, überquerten die Straße und dann die Schienen, um zum gegenüberliegenden Bahnsteig zu gelangen. Wie David unter die Straßenbahn geriet, ist zu schrecklich, um es hier wiederzugeben. Als man ihn zwei Stunden später schließlich unter dem Zug hervorholen und ins Krankenhaus bringen konnte, stellte man fest, daß ein Bein wegen der schweren Verletzungen amputiert werden mußte; die Beckenknochen, das Schlüsselbein und andere Knochen waren zertrümmert, und vom Blutverlust war er dem Tode nah. Doch am schlimmsten waren zwei Blutergüsse im Hirn.

Den Schrecken der Eltern, ein Kind mit Hirnverletzungen zu haben, das zudem für den Rest des Lebens körperlich behindert ist, kann man sich kaum ausmalen. Hirnverletzungen können einen Menschen seiner ganzen Persönlichkeit berauben, seiner Erinnerung, seines Sprachvermögens, eben all der Dinge, die einen Menschen zu dem machen, was er ist. Für Franz-Josef Stachowiak und seine Frau Maria war die Nachricht womöglich um so schlimmer: Prof. Dr. Stachowiak ist Neurolinguist, er lehrt am Institut für Förderpädagogik an der Leipziger Universität Sprachbehindertenpädagogik und hatte – wie es das Schicksal wollte – bereits mit Hannelore Kohl und ihrem Kuratorium ZNS in Fragen der Reha-

bilitätsforschung zusammengearbeitet. Eben wegen seiner Lehrtätigkeit wußte er also ganz genau, was die Hirnverletzungen seines Sohnes David für Auswirkungen haben konnten.

Vor nicht allzu vielen Jahren hätte ein solcher Unfall tatsächlich das Aus für David bedeutet, in gesellschaftlicher wie in späterer beruflicher Hinsicht. Die Tatsache, daß er nach zwei Monaten im Koma, einer Hirnoperation, zweiunddreißig weiteren Operationen unter Vollnarkose und acht Monaten Rehabilitation nun verständlich, wenn auch noch nicht »normal« sprechen kann, seine Späße treibt, sich im Rollstuhl und auf Krücken bewegen kann, an der Handelsschule für Behinderte lernt, einen Computer bedienen kann und wieder ein fröhliches und lebhaftes Mitglied der Familie ist, ist, zumindest teilweise, Hannelore Kohl zu verdanken.

Nachdem Helmut Kohl 1983 sein Amt als Kanzler wieder angetreten hatte, verkündete Hannelore, daß sie das Kuratorium ZNS gründen und ihm als Präsidentin vorstehen werde, um jenen zu helfen, die bei Unfällen Hirnschäden erlitten hatten. ZNS steht für Zentrales Nervensystem. Mit dieser Arbeit folgte sie ganz der Tradition der Kanzlergattinnen, eine Tradition, die durchaus einen nützlichen Zweck erfüllt, was immer man sonst auch von der öffentlichen Rolle der Frauen führender Politiker halten mag. Wohltätigkeitsorganisationen brauchen nun mal Galionsfiguren, Personen mit berühmten Namen. Sie sorgen für Medienöffentlichkeit, erhöhen die Spendenfreudigkeit, verkaufen Bücher und lenken ganz allgemein das Interesse auf den jeweiligen wohltätigen Zweck. Zudem werfen die guten Taten der Frauen auch ein gutes Licht auf ihre Männer. »Ich trete aus dem Schatten meines Mannes«, sagte Hannelore Kohl in diesem Zusammenhang. Ja und nein. Ihr war bewußt, daß sie sich nur deswegen derart erfolgreich einem wohltätigen Zweck widmen konnte, weil sie diesen Namen trug – eine durchschnittliche, dafür nicht qualifizierte Person hätte da nur wenig Chancen. Doch zugleich war der Erfolg, den sie mit ihrer Tätigkeit erzielte, ganz ihr eigener – das Ergebnis ihres entschlossenen Einsatzes, ihrer harten Arbeit und ihrer bemerkenswerten Fähigkeiten. Hannelore Kohl machte sich diese gesellschaftliche Verpflichtung zur Berufung. Ihre Söhne waren groß, und so wurde ihre Präsidentschaft zu einer Karriere, einer Selbstbestätigung, einer Erfüllung.

Sie hatte lange nachgedacht und sich mit vielen Experten beraten, bevor sie ihre Entscheidung traf. Sie war bemüht, sich in einem Bereich einzusetzen, wo es ein echtes Bedürfnis dafür gab und der sich nicht mit dem Wirkungsfeld anderer Organisationen überschnitt. Schon 1971 hatte sie die Schirmherrschaft über eine neurologische Rehabilitationsklinik des Bundes Deutscher Hirnbeschädigter (BDH) in Vallendar bei Koblenz übernommen, und so war es kein allzu großes Wunder, daß sie diesen Bereich auf dem Felde der Rehabilitation für sich entdeckte. Aber es war auch ein sehr mutiger Schritt. Hirngeschädigte sind kein besonders medienwirksames Thema. Das ist etwas völlig anderes, als süße Babys zu knuddeln oder, wie Prinzessin Diana, mit Kindern zu posieren, die durch Landminen Arme oder Beine verloren haben. Ganz im Gegenteil: Zu jener Zeit handelte es sich um einen Tabubereich, die Öffentlichkeit wandte sich von diesem Thema ab und versuchte es aus dem Gedächtnis zu bannen, denn für viele Menschen stellt eine Hirnschädigung das schlimmste Schicksal dar, das man sich nur denken kann. Für Hannelore lag genau darin aber die Herausforderung. »Mir war bei der Übernahme der Aufgabe klar, daß das Thema schwer zu transportieren sein würde«, sagte sie einmal, »aber das ist gerade der Sinn der Sache!«

Die Entscheidung hätte zu keinem besseren Zeitpunkt gefällt werden können. Hirnverletzungen fand man früher zumeist unter den Veteranen der beiden Weltkriege. Seit den sechziger Jahren nahm die Verkehrsdichte allerdings rapide zu, und die Zahl der Hirnverletzungen bei Verkehrsunfällen schoß in die Höhe. In den letzten Jahren hat der Hang zu risikoträchtigen Modesportarten dies noch verstärkt. Ironischerweise hat vor allem die Verbesserung der Notfall- und Intensivbehandlung dazu geführt, daß ein Opfer, das früher schon kurz nach dem Unfall gestorben wäre, nun eine Überlebenschance hat – wenn es auch möglicherweise ein Leben lang körperlich und geistig schwer behindert bleiben wird. Zur Jahrtausendwende erlitten etwa 300 000 Personen bei Unfällen auf der Arbeit, zu Hause, auf der Straße oder beim Sport Kopfverletzungen; davon sind etwa 100 000 zu den schweren Schädel-Hirn-Traumen zu rechnen. In fast der Hälfte der Fälle bleibt irgendeine dauerhafte Schädigung zurück. Etwa dieselbe Zahl findet sich an Hirngefäßerkrankungen. Einer der tragischsten Aspekte bei diesem Thema ist die Tatsache, daß fast die Hälfte aller Hirnverletzten unter fünfundzwanzig Jahre alt ist – der einzige Trost dabei: Jüngere Menschen haben größere Heilungschancen.

In ihrer typischen Art baute Hannelore Kohl ihr Kuratorium langsam und sorgfältig auf, um sicherzugehen, daß es auf solider Basis stand. Seine ersten Ziele bestanden darin, den Hirnverletzen praktische Hilfe zu leisten und Rehabilitationseinrichtungen zu fördern und zu unterstützen. Sie versammelte einen Vorstand aus Ärzten und Spezialisten aus verschiedenen Bereichen, der darüber entscheiden sollte, wo und wie die Fördergelder zu vergeben waren. Im zweiten Jahr gesellte sie dem Vorstand einen zwanzigköpfigen Beirat aus Spezialisten, Bankiers und Repräsentanten öffentlicher Organisationen hinzu – die Zahl der Beteiligten sollte sich im Laufe der Jahre noch erhöhen. Zu Beginn verfügte das Kuratorium nur über ehrenamtliche Mitarbeiter, doch bereits 1984 beschäftigte es eine hauptamtliche Mitarbeiterin und im darauffolgenden Jahr zwei weitere, darunter Rolf Wiechers, den Geschäftsführer, einen Ingenieur der Bundeswehr, der seitdem kontinuierlich für eine solide und effektive Verwaltungsarbeit sorgt. Die Zahl der Mitarbeiter ist inzwischen auf acht angestiegen. In den ersten zehn Jahren des Bestehens hatte das Kuratorium ZNS seinen Sitz Tür an Tür mit dem erwähnten BDH, der sich anderen Formen von Hirnverletzungen widmet. So ergab sich eine lang anhaltende, freundliche Kooperation zwischen den beiden Organisationen.

Forschungen haben gezeigt, daß die Chancen eines Opfers mit Hirnverletzungen für Heilung und Reintegration in die Gesellschaft zu einem großen Teil davon abhängig sind, wie schnell die Rehabilitationsmaßnahmen einsetzen und wie gut diese sind. Bei der Notfallversorgung gab es kaum Probleme – im Schnitt erreicht ein Krankenwagen den Unfallort in etwa neun Minuten –, auch nicht bei der Intensivbehandlung im Krankenhaus. Wirklich entscheidende Zeit ging zwischen der Akutbehandlung und dem Beginn der Rehabilitation verloren. Hannelore Kohl wies darauf hin, daß die Wartezeit zwischen der Klinikentlassung und dem Beginn der Rehabilitation durchschnittlich zwölf Wochen betrug – was viel zu lang war. Sie und ihre Mitarbeiter erstellten ein Zentralregister, das eine ständig auf dem neuesten Stand gehaltene Liste aller verfügbaren Betten in den Reha-Zentren führt, damit Ärzte und Familien so schnell wie möglich einen den Bedürfnissen des Patienten angemessenen Platz fanden, und dies so nahe an zu Hause wie möglich. Das Register kann per Internet abgefragt werden und hat bereits über 5 000 Patienten ein passendes Bett finden können.

Gleichzeitig trieb das Kuratorium ZNS die Reha-Kliniken dazu an, die Frührehabilitation zu entwickeln, und unterstützte sie tatkräftig dabei. Häufig liegen Hirnverletzte für eine gewisse Zeit im »Wachkoma«, leiden also am sogenannten apallischen Syndrom: Sie sind nicht in der Lage, sich willentlich zu bewegen, sich auf etwas zu konzentrieren oder zu reagieren. Hannelore Kohl legte großen Wert auf die Ergebnisse der Forschung, daß ein Patient sich um so schneller und besser erholt, je früher er ermutigt wird, auf äußere Reize zu reagieren. Sobald also ein Patient im Koma beginnt, irgendeine Reaktion auf einen solchen äußeren Reiz zu zeigen, gleich ob auf Töne, Licht oder etwas anderes, sollte die gezielte Rehabilitation einsetzen. Denn oft genug kehren die Fähigkeiten, greifen zu können, zu essen, trinken und sich koordiniert zu bewegen, sich zu konzentrieren und zu sprechen, nicht automatisch wieder zurück, sondern müssen neu erlernt werden, wie bei einem Baby. Eines der großen Probleme bei Patienten, die sich im apallischen Syndrom befinden, war der Bettenmangel, ein anderes der notwendige Bedarf an Meßsystemen, Überwachungsmonitoren und Beatmungssystemen, alles Hilfsmittel und Geräte, die nicht notwendigerweise zum Bestand eines Krankenhauses gehören. So ist es besonders wichtig, die Hirnströme und den Hirndruck des Patienten zu beobachten, da besonders zu hoher Hirndruck weitere Schäden im Gehirn verursachen kann, wenn er nicht frühzeitig genug erkannt wird. Das Kuratorium ZNS hat bisher bereits 13,4 Millionen DM bereitgestellt, um hier Abhilfe zu schaffen.

Nach zwei Monaten auf der Intensivstation in Bonn wurde David Stachowiak rein zufällig auf die Frührehabilitationsstation in Vallendar verlegt. Vallendar liegt zwar ein gutes Stück vom Wohnsitz der Familie in Oberwinter bei Bonn entfernt, doch war dies der zu dem gegebenen Zeitpunkt nächstgelegene freie Platz. Die Station war funkelnagelneu, das Kuratorium ZNS hatte sie auf Grundlage der von Hannelore Kohl zugrunde gelegten Richtlinien mitfinanziert. In Anerkennung ihrer Verdienste hieß das Gebäude, in dem David untergebracht war, Haus Hannelore, ihr Bild hing im Eingangsbereich. David und seine Familie wurden nicht nur von Ärzten, sondern auch von Therapeuten und Krankengymnasten empfangen, die ihm dabei halfen, Kontrolle über seine Gliedmaßen zurückzuerlangen, und einem Logopäden, dessen erste Aufgabe, noch vor der Sprechlernhilfe, darin bestand, ihm das Schlucken beizubringen, damit er selbst essen und trinken konnte und nicht mehr ernährt werden mußte. Nach acht Monaten hatte David ungeheure Fortschritte gemacht; nun wird sich zeigen müssen, ob er sich jemals so weit erholen wird, daß er eine Arbeit annehmen und ein unabhängiges Leben führen kann. Sein Vater und er sprechen, anders als so viele andere Betroffene, offen über ihre Erfahrungen, denn sie wissen, daß ihre Offenheit dabei hilft, die Tabus, die dieses Thema umgeben, weiter aufzubrechen.

Als Hannelore Kohl ihre Arbeit aufnahm, waren einige der Lerntechniken vergleichbar jenen, mit denen man kleine Kinder fördert – erwachsene Patienten sollten farblich unterschiedene Formen verschieben und mit Bauklötzen spielen wie im Kindergarten. Daß dies bei den meisten Patienten nicht besonders gut ankam, ist nur zu verständlich, schließlich erlebten sie eine Art Erniedrigung, was sich manchmal in Aggressionen niederschlug. Dank ihrer gleichsam wissenschaftlich orientierten Denkweise suchte Frau Kohl nach anderen Methoden und stieß dabei auf die Möglichkeiten des Computers, der schon damals einige Rehabilitationsspezialisten zu interessieren begann. Viele Ärzte waren skeptisch, doch sie war überzeugt, wie sie einmal sagte, daß »Attraktivität eine entscheiden Voraussetzung für den Erfolg ist, zum Beispiel durch das dem Patienten durch ein solches Gerät vermittelte Gefühl, zur Gesellschaft – auch mit ihren modernen Standards wie Computer – dazuzugehören.«

Im Laufe dieser Zeit kam es zu einer denkwürdigen Begegnung, die in der Welt der Rehabilitation so etwas wie legendären Ruf genießt. Hannelore Kohl setzte sich in einem Flugzeug, das sie und ihren Mann zusammen mit einer Gruppe von führenden Köpfen aus der Wirtschaft zu einem offiziellen Besuch nach Asien flog, neben den (in der Zwischenzeit verstorbenen) Heinz Nixdorf, dem Computergenie, der die große, bedeutende Computerfirma gleichen Namens aufgebaut hatte (die später von Siemens übernommen worden war), und sie unterhielten sich über die Möglichkeiten, Computer als Hilfsmittel bei der Unterstützung von Hirngeschädigten einzusetzen. Heinz Nixdorf setzte seine Spezialisten auf dieses Thema an und unterstützte deren Bemühungen auch finanziell. Ein Teil der Arbeit floß in die Entwicklung von besonderen Tastaturen mit großen, bunten Tasten oder Knöpfen, die Patienten mit Koordinierungsschwächen helfen sollten. Andere, die weder Arme noch Hände bewegen konnten, erhielten besondere Vorrichtungen, die sie befähigten, den Computer mit ihren Füßen zu bedienen, durch Saugbewegungen oder Pusten oder gar, mit Hilfe einer besonders verkabelten Brille, durch Blinzeln. (Das allerneueste Wunder der Technik erlaubt Patienten, ihren Computer allein durch Denken zu bedienen – dank eines Gerätes, das ihre Hirnströme mißt.) Ein anderer Teil beschäftigte sich mit der Software: Spiele, Tests oder Frage-und-Antwort-Abläufe, die dabei helfen sollen, Konzentration, logisches Denken, Wiedererkennung, Lesefähigkeiten und Koordination zu verbessern. Hinzu kamen Programme, die Patienten, welche auf sonst keine andere Art kommunizieren konnten, erlaubten, sich auszudrücken – zum Beispiel: »Ich habe Hunger« zu sagen. Die Software vermerkte laufend den Zustand des Patienten, und sie konnte vom Therapeuten entsprechend eingestellt werden, damit niemand sich mit Programmen auseinandersetzen mußte, die zu schwer oder zu leicht waren.

Das Projekt, von Hannelore Kohl »Computer Helfen Heilen« genannt, wurde mit großem Erfolg in der Neurologischen Klinik in Hessisch-Oldendorf erprobt. Das Projekt wird nun in Reha-Einrichtungen im ganzen Land eingesetzt und hat genau den Effekt, den sie vorausgesagt hatte – es erhöht die Motivation und verbessert das Wohlbefinden des Patienten –, vor allem beim Einsatz von lustigen Programmen. Hannelore Kohl betonte stets, daß Computer keineswegs einen Therapeuten ersetzen, sondern nur als nützliches Mittel dienen könnten, um diesen zu entlasten und ihm oder ihr mehr Zeit für menschliche Zuwendung zu geben. Es wurde Software entwickelt, die es Patienten ermöglichte, die computergestützte Therapie auch zu Hause fortzusetzen. Ein weiterer Vorteil bestand darin, daß manche Patienten die Chance erhielten, später mit Hilfe von Computern ihren eigenen Lebensunterhalt von zu Hause aus zu verdienen. Zumindest ermöglichte der Computer ihnen, Fähigkeiten zu entwickeln, auf die sie stolz sein konnten, wie eine zweiundsiebzigjährige Patientin froh verkündete: »Endlich kann ich meinen Enkelkindern was vorzeigen!«

Hannelore Kohl nannte das Projekt »mein Baby«; sie prahlte damit zwar nicht, aber offenkundig war sie sehr stolz auf das von ihr Geleistete. Seitdem haben viele Firmen ähnliche Software entwickelt, und das Kuratorium gibt einen Katalog mit solchen Materialien heraus, der ständig auf dem neuesten Stand gehalten wird. Eine weitere Entwicklung mit Computern war ein Programm, das Autofahren simulieren kann: Patienten, die sich gut erholt haben, können so selbst testen, ob sie sich gefahrlos wieder hinters Steuer wagen können.

Das Kuratorium erkannte sehr bald, daß die Hirnverletzung eines Familienangehörigen für ganze Familien verheerend sein kann, die, wie Hannelore Kohl sagte, »häufig nicht mehr ein und aus wissen«; man bot Hilfe und Rat an und finanzierte Selbsthilfegruppen betroffener Angehöriger.

Es war von Anfang an klar, daß die Nachfrage nach gezielter Rehabilitationsforschung wachsen würde. Und tatsächlich gab es eine Vielzahl an Spezialisten – Ärzte, Psychologen, Therapeuten –, die einzelne Aspekte davon bearbeiteten. Doch arbeiteten diese zumeist isoliert und ohne großen Kontakt untereinander. Hannelore Kohl erhob daraufhin zu einem der wichtigsten Ziele des Kuratoriums, diese Spezialisten in Symposien und Vorlesungsreihen zusammenzubringen und die Forschung weiter voranzutreiben, um so die Behandlung der Patienten weiter zu verbessern. Das Kuratorium ZNS finanzierte Forschungsprojekte, doch erkannte man schnell, daß das auf Spenden beruhende Finanzierungskonzept eines gemeinnützigen Vereins für jene Projekte nicht geeignet war, die eines steten und dauerhaften Geldflusses über eine Reihe von Jahren bedürfen. Daraufhin wurde die Hannelore-Kohl-Stiftung mit einem Gründungskapital von einer halben Million DM ins Leben gerufen, zu der sich im Laufe der Jahre weitere Zustiftungen gesellten. In der Zwischenzeit ist ein Grundkapital von 22 Millionen DM angewachsen, wovon Förderpreise und Stipendien für die Wissenschaft zur Verfügung gestellt werden. Wie wichtig diese Arbeit sein kann, bewies sich bei einem mit 675 000 DM geförderten Forschungsprojekt, das die Neurologische Klinik der Universität Tübingen zusammen mit dem dortigen Max-Planck-Institut für Entwicklungsbiologie durchführte. Dabei fand man heraus, daß entgegen der bisher herrschenden Vorstellung beschädigte Nervenzellen durchaus regenerationsfähig sind, sie können sich also erneuern, wenn sie von bestimmten anderen Zellen umgeben sind und medikamentös behandelt werden. Es könnte also in der Zukunft möglich sein, geschädigte Hirnzellen zu regenerieren und zumindest teilweise ihre Funktion wiederherzustellen.

Ein weiterer wichtiger Aspekt des persönlichen Einsatzes von Hannelore Kohl bestand in ihrer Öffentlichkeitsarbeit. Sie schrieb Artikel und gab buchstäblich Hunderte von Interviews in Presse, Rundfunk und Fernsehen, um so die Vorurteile abzubauen, die gegen hirngeschädigte Menschen gehegt werden – die ja von vielen irrtümlich mit geistig

Behinderten verwechselt werden –, und um mehr Verständnis und aktive Hilfe zu werben. »Jeden von uns kann es morgen treffen«, warnte sie rundheraus. Immer wieder ermahnte sie vor allem in der »Bild« mit ihrer riesigen Auflage die jungen Leute, beim Motorradfahren einen Helm zu tragen. Sie arbeitete mit dem Deutschen Verkehrssicherheitsrat in Kampagnen zur Unfallverhütung zusammen und warb später dafür, Kurse in Erster Hilfe zu belegen.

All diese Öffentlichkeitsarbeit stand auch im Dienst ihrer unermüdlichen Anstrengungen, Spenden zu sammeln. Schon aus Prinzip wandte sie sich nicht an die Regierung um Finanzmittel; als Gattin des Kanzlers hätte sie sich unausweichlich dem Vorwurf ausgesetzt, man behandle sie bevorzugt. Ein Großteil der 36,9 Millionen DM, die das Kuratorium ZNS an Spenden erhielt und verteilte, wurden direkt oder indirekt von ihr persönlich herangeschafft. Sie entlockte den großen Wirtschaftskapitänen, die sie bei offiziellen Anlässen traf, dicke Schecks, und viele von ihnen waren nur allzugern bereit, der Frau des Kanzlers gefällig zu sein. Sie zapfte Firmen und Organisationen an und rief öffentlich zu Spenden auf. Sie produzierte CDs und vier Bücher, die sich schon wegen des Namens ihrer Autorin wie warme Semmeln verkauften und erkleckliche Summen einbrachten. Eines der Bücher trug den vieldeutigen Titel »Was Journalisten anrichten« (sie hatte die Lieblingskochrezepte von Presseleuten zusammengetragen); das meistverkaufte Buch von allen (allein bis 1996 wurden davon zweihunderttausend Exemplare verkauft) waren »Kulinarische Reisen durch deutsche Lande«, mit Textbeiträgen ihres Mannes. Dieses Buch brachte ihr viel Ruhm ein. Wer weiß, ob dies auch einer unbekannten Autorin eines Kochbuchs mit etwa dreihundert zutiefst konservativen deutschen Gerichten zuteil geworden wäre, jedenfalls erhielt Frau Kohl im Dezember 1996 in Perigueux den Prix Mazille verliehen, dem französischen Buchpreis für das beste ausländische Kochbuch. Sie nahm die Auszeichnung in Begleitung ihres Mannes und des französischen Staatspräsidenten Jacques Chirac und seiner Gattin entgegen.

Ihre Spendenaufrufe erwiesen sich als äußerst effektiv, denn schon bald begann die Öffentlichkeit, auf unterster Ebene Spendensammlungen zu organisieren. Unzählige Vereine, Schützenbrüderschaften, Bürgerinitiativen und Schulklassen organisierten Feste und Sammlungen. Dazu kam ein regulärer Förderkreis, der sich verpflichtete, jedes Jahr eine bestimmte Summe aufzutreiben, und zahllose Einzelspender, die auch kleine Summen an das Kuratorium ZNS überwiesen, dessen Kontonummer Hannelore Kohl weithin öffentlich machte. Weitere Spenden stammten von Strafrichtern, die verfügten, daß Geldstrafen für gefährliches Fahren oder ähnliche Vergehen ans Kuratorium zu entrichten seien.

Eines der strahlendsten Ereignisse war ein Ball in der Bonner Beethovenhalle 1986 mit zweitausend zumeist berühmten Gästen, die jeweils 300 DM für die Eintrittskarte gezahlt hatten. Es gab zudem eine Tombola und andere Geldsammelaktionen. Höhepunkt des Abends war die Versteigerung des »Bambi«, den Hannelore Kohl für ihre Arbeit im Kuratorium von der Illustrierten »Bunte« verliehen bekommen hatte. Nach langen Bietgefechten ging der Bambi schließlich an den Münchener Filmkaufmann Leo Kirch. Alles in allem brachte der Abend über eine halbe Million DM ein, doch das Kuratorium ZNS strengte keinerlei weitere Versuche an, einen solchen Abend zu organisieren, da dies die Arbeitskapazität der Mitarbeiter bei weitem überstieg und sie sich Hilfe von außen hätten holen müssen. Ähnlich gelagerte Wohltätigkeitsveranstaltungen wurden späterhin von anderen Organisationen abgehalten.

Hannelore Kohl war unentwegt unterwegs zu kleineren Feiern in Firmensitzen, Vereinen oder anderen Organisationen, wo sie Schecks entgegennahm und Reden hielt, in denen sie die Arbeit ihres Kuratoriums erläuterte. Signierte sie einmal keine Bücher, nahm sie keine Schecks entgegen, dann überreichte sie welche. Ganz gleich, ob es sich nun um große Summen für Rehabilitationsplätze handelte, um ambulante Rehazentren, wodurch die Behandlungskosten gesenkt und die ungeheure Nachfrage nach Betten etwas gemildert werden konnten, oder einfach nur um ein Schaukelpferd für kleine Patienten, stets war sie gefragt. Manchmal bewegten sich die Sachspenden in eine ähnliche Richtung, wie zum Beispiel rollstuhlgerechte Kleinbusse, die die Chefs der Automobilfirmen spendeten, damit Rehapatienten ins Theater oder zu Fußballspielen gefahren werden konnten. Sehr oft besuchte sie Rehakliniken und traf sich mit einzelnen Patienten und Therapeuten, denen das Kuratorium half; sie diskutierte mit ihnen über Probleme und suchte nach Lösungen. Stets achtete sie sorgsam darauf, sich nicht in Mitleidsbekundungen für Patienten zu ergehen, was nicht besonders sinnvoll ist, sondern ermutigte und motivierte sie freundlich, denn der Erfolg der Therapie ist zu großen Teilen vom Genesungswillen des Patienten selbst abhängig. All die Termine für das Kuratorium und die Anforderungen ihres Lebens als Frau des Kanzlers unter einen Hut zu bringen war nicht immer ganz einfach, und manchmal war sie regelrecht zerrissen von widerstreitenden Verpflichtungen. »Lieber besuchte sie Patienten in ihren Kliniken, als an einer

Wahlkampfreise teilzunehmen«, erinnert sich jemand, der lange Jahre mit ihr gearbeitet hat. Die persönliche Befriedigung, die sie aus ihrer Arbeit zog, war immens. »Sie war niemals glücklicher als zu den Zeiten, wenn sie im Kreise ihres Beirats im Kanzlerbungalow saß.«

Hannelore Kohl gab sich keineswegs damit zufrieden, Öffentlichkeitsarbeit für das Kuratorium ZNS zu leisten. Sie arbeitete sich kundig in die ungeheuer technische wissenschaftliche Literatur auf diesem Gebiet ein, hielt sich ständig auf dem laufenden und konnte sich so nahezu gleichrangig mit Professoren und Wissenschaftlern unterhalten. Im Laufe der Zeit erwarb sie professionellen Respekt und wurde von den Fachleuten auf diesem Gebiet als wirkliche Expertin anerkannt. Sie liebte es, mit den Spezialisten Streitgespräche über technische Fragen zu führen und dabei in der Lage zu sein, mit Ärzten auf wissenschaftlicher Ebene zu witzeln und zu scherzen. »Sie genoß sehr viel Hochachtung unter Sachverständigen«, meint ein Professor. Man hatte den Eindruck, daß sie den Status genoß, der sie selbst fast zu einer Professorin machte.

Im Laufe der Jahre erhielt sie zahlreiche Auszeichnungen und Preise. Dazu gehörte auch die Walter-Poppelreuter-Medaille des BDH. Der 1939 verstorbene Bonner Arzt und Professor Walter Poppelreuter galt als »Vater der Hirnverletzten«, und Hannelore Kohl erhielt die Medaille 1986 »in der Folge qualifizierter Ärzte, Wissenschaftler und Fachleute, die sich im Sinne Professor Walter Poppelreuters um die Betreuung der Hirngeschädigten außerordentlich verdient gemacht haben«. Sie erhielt die Medaille nicht, weil sie die Gattin des Kanzlers war, sondern »weil sie sie sich verdient hatte«, wie der gegenwärtige Präsident des BDH, Erwin

Weissenberg, es formuliert. Im April 1990 gab sie die Medaille allerdings ohne viel Aufhebens zurück. Man hatte herausgefunden, daß Walter Poppelreuter nicht nur aktiver Nazi-Politiker und Provinzialabgeordneter gewesen war, sondern 1933 auch eine Horde von SS-Schlägern angeführt hatte, die die Bonner Anstalt für geistig behinderte Kinder besetzten, die Parteifahne hißten und den jüdischen Klinikchef Professor Otto Löwenstein zur Flucht zwangen.

Hannelore Kohl erhielt außerdem den Verdienstorden des Landes Rheinland-Pfalz, die Goldene Ehrennadel der Deutschen Gesellschaft für Unfallchirurgie und 1999 – nachdem ihr Mann bereits nicht mehr im Amt war – das Bundesverdienstkreuz mit Stern.

Die Wiedervereinigung brachte für Hannelore Kohl und ihre Mitarbeiter große neue Herausforderungen. 1990 entsandte sie eine Delegation auf eine Krankenhausbesichtigungsreise durch die neuen Bundesländer, um festzustellen, welche Hilfe dort benötigt wurde. Das Ganze war eine delikate Aufgabe, die viel Fingerspitzengefühl verlangte, um unter gar keinen Umständen gönnerhaft zu wirken. Tatsächlich fand die Delegation ausgezeichnete Ärzte vor, doch die Infrastruktur war schlecht – marode Straßen, unzureichende Unfallrettungsdienste und Unfallkliniken und eine massive Knappheit an Rehabilitationsmöglichkeiten, so daß Opfer mit Hirnverletzungen eine erheblich geringere Überlebenschance hatten. In kürzester Zeit schoß der Bedarf für solche Einrichtungen in die Höhe, da die wachsende Zahl der Ostdeutschen, die stärker motorisierte Fahrzeuge als früher auf Straßen fuhren, die nicht für die höheren Geschwindigkeiten gebaut waren, zu einem dramatischen Anstieg der Unfälle führten.

Da es längere Zeit dauert, um die Infrastruktur zu verbessern, wurde ein System namens »Telekonsil« entwickelt und finanziert, das der Neurochirurg Professor Michael Gaab in Hannover bereits für allgemeine Zwecke entworfen hatte. Dabei handelt es sich um ein bemerkenswertes Netzwerk miteinander verbundener Computer, mit deren Hilfe die Ärzte auf den Unfallstationen Daten, darunter auch die Röntgenaufnahmen des geschädigten Hirns eines Patienten, an spezialisierte Zentren übermitteln können. Dort erteilen sodann Neurochirurgen ihnen Rat und sagen, was zu tun ist, und setzen sich notfalls wieder mit anderen Ärzten in Verbindung. Das verschafft den Chirurgen den Vorteil, schon im Voraus exakt zu wissen, welche Operation durchgeführt werden muß, so daß alles vorbereitet werden kann, während der Patient transportiert wird. Damit wird wertvolle Zeit gespart. Man kann mit einiger Sicherheit behaupten, daß viele Patienten mit Hirnverletzungen ihre Genesung ganz oder teilweise diesem System verdanken, das immer weiter ausgedehnt wird und in der Zwischenzeit zu einem integralen Bestandteil des Klinikalltags geworden ist.

Man kann hier unmöglich ein Gesamtbild der Arbeit wiedergeben, die das Kuratorium geleistet hat, gleich ob in den alten oder neuen Bundesländern. Die Einrichtungen für die Behandlung und Rehabilitation an der Universität Greifswald sollen hier nur als ein bemerkenswertes Beispiel für Hannelore Kohls Arbeit dienen, die sie natürlich stets in Zusammenarbeit mit anderen Organisationen und den Behörden durchgeführt hat.

Die alte Hansestadt Greifswald an der Ostsee ist – heute – eine schöne Stadt, doch zur Zeit der Wende befand sie sich in einem jämmerlichen Zustand des Verfalls. Die altehrwürdige Universität hat eine medizinische Einrichtung, die auf eine sechshundertfünfzigjährige Geschichte verweisen kann, sich seit längerem mit Neurologie beschäftigt und über hochmotivierte Ärzte verfügt. Doch das Gebäude, in der die neurochirurgische Abteilung untergebracht war, zerfiel zusehends, das technische Gerät war schon seit zwanzig Jahren überholt, es gab nicht genug Intensivbetten und praktisch keinerlei Rehabilitationsmöglichkeiten. 1992 hatte die Abteilung nicht einmal einen Direktor. Professor Gaab übernahm diese Aufgabe, aus dem Entschluß heraus, einen modernen neurochirurgischen Komplex zu errichten, bat er Hannelore Kohl um Hilfe. Ziel war die Schaffung einer auf dem neuesten Stand befindlichen integrierten Gesamtversorgung der Hirnverletzten, bei der diese nahtlos und so schnell wie möglich von der Notfallrettung zur Notoperation gebracht werden können und von der Intensivbehandlung in die Frührehabilitation und Rehabilitation, hoffentlich dann nach Hause und schließlich in ein normales Leben überführt werden. Heute blickt Professor Gaab von seinem Bürofenster aus auf den neuen Hubschrauberlandeplatz, auf dem rund um die Uhr ein Helikopter bereitsteht, der Unfallopfer zum OP fliegt. Einen kurzen Fußweg entfernt befindet sich eine funkelnagelneue Rehaklinik – im Volksmund Hannelore-Kohl-Klinik genannt –, wohin die Patienten zum frühestmöglichen Zeitpunkt verlegt werden, um mit der Rehabilitation zu beginnen. Das Reha-Zentrum, das insgesamt 70 Millionen DM gekostet hat, wird vom BDH betrieben und kümmert sich um eine Vielzahl von Patienten mit Hirnschädigungen, nicht nur um Unfallopfer, und hat in einer Region, die unter chronischem Arbeitsmangel leidet, dreihundert neue Arbeitsplätze geschaffen. Die Anlage wirkt geräumig und freundlich und ist exzellent ausgestattet, nicht zuletzt auch mit Hannelore Kohls Therapiecomputern, einer Turnhalle mit besonderen Gerätschaften zur Wiedererlangung der Bewegungs- und Koordinationsfähigkeit, und mit eine rollstuhlgerechten Lehrküche mit Arbeitsflächen, die je nach den Bedürfnissen des Patienten angehoben oder abgesenkt werden können.

Professor Gaab betont, es gehöre keineswegs zu den Fähigkeiten und der Ausbildung eines Neurochirurgen, Rehazentren zu errichten: »Die ZNS hat es möglich gemacht.« Die Mitarbeiter dort wußten, wie man den Papierkram angehen mußte, an welche Behörden und Organisationen man sich zu wenden hatte und wie man diese dazu brachte, gemeinsam an einem Strang zu ziehen. »Allein hätte ich das in zwanzig Jahren nicht geschafft«, sagt er. Das große Problem bleibt die neurochirurgische Klinik selbst, die auch heute noch in dem alten, zerfallenden, völlig unzulänglichen Gebäude untergebracht ist. Zwar hat man es geschafft, die Bettenkapazität zu erweitern und zu verbessern, doch die Arbeiten an einer neuen Klinik sind nicht vor 2008 geplant und stecken noch tief in dem politischen und bürokratischen Sumpf, der so viele Projekte in den neuen Bundesländern zum Stocken bringt.

Hannelore Kohls Beitrag zu dieser Entwicklung war so entscheidend, daß Professor Gaab nach einer Möglichkeit suchte, sie zu ehren. Zwar winkte sie stets ab und beharrte, sie brauche keinen Dank und keine Auszeichnungen, doch Professor Gaab hegte den Wunsch, ihr einen Ehrendoktortitel verleihen zu lassen. Einige seiner Kollegen – »Juristen, Philosophen« – sprachen sich dagegen aus. Sie wiesen darauf hin, daß nach den neuen Richtlinien zur Unterbindung von schmeichelhaften, aber unverdienten Titelvergaben die ehrenhalber verliehenen medizinischen Doktortitel nur an Personen gehen sollten, deren Wirken für die Medizin von überragender Bedeutung ist, und sie gingen einfach davon aus, daß Hannelore Kohls hauptsächlicher Anspruch daraus resultierte, daß sie die Gattin des Kanzlers war. Zuerst lehnte der Senat der Universität, begleitet von einer weidlich in der Presse ausgeschlachteten Auseinandersetzung, den Vorschlag ab, doch Professor Gaab, der damalige Dekan der medizinischen Fakultät, Professor Hans-Robert Metelmann, und die gesamte medizinische Fakultät konnten belegen, daß sie tatsächlich berechtigt war, den Titel anzunehmen. Im zweiten Anlauf stimmte der Senat mit überwältigender Mehrheit dafür, ihr den Doktortitel anzutragen. Ein Greifswalder SPD-Abgeordnete forderte sie auf, diese Ehrung abzulehnen. Doch als sie in einem Interview mit der »Süddeutschen Zeitung« gefragt wurde, warum sie dies nicht tue, antwortete sie: »Mir den Ehrendoktortitel zu verleihen war ja die Entscheidung der Universität Greifswald. Ich habe mir die Sache wohl überlegt und erst nach zehn Tagen geantwortet, daß ich die Ehrung annehme. Aber warum sollte ich die Universität brüskieren?«

Bei der Verleihung der Doktorwürde betonte Professor Doktor Jürgen Kohler, der Rektor der Universität, wie sehr die Universität davon überzeugt sei, daß sie den Titel zu Recht erhalte. »Die Laureatin hat über viele Jahre hinweg hervorragende Verdienste um die Neurowissenschaften in Deutschland erworben, insbesondere in ihrer Eigenschaft als Vorsitzende des Kuratoriums ZNS, indem sie das öffentliche Bewußtsein für das Leiden der betroffenen Menschen geschärft und die wissenschaftliche Forschung auf diesem

Gebiet sowie die Verbesserung der medizinischen Betreuung nachhaltig gefördert hat.« Er erwähnte insbesondere das »Telekonsil« und ihre Beiträge zur Rehaklinik und betonte noch einmal deutlich, daß »die persönliche Nähe zu einem hohen politischen Amt in unserem Land niemanden a priori davon ausschließen darf, eine akademische Ehrung zu empfangen«.

Professor Metelmann erklärte in seiner Laudatio: »Alles, was Sie im medizinischen wie im humanen Sinne für hirnverletzte Unfallopfer und für die Enttabuisierung dieses Themas in der Öffentlichkeit getan haben, ist außergewöhnlich. Es verdient großen Respekt und Anerkennung …« Und in einem weiteren Satz, der ihr wohl besonders gut gefallen haben dürfte, sagte er, mit ihrer Arbeit für die Universität, »stehen Sie schon lange mitten in der akademischen Familie der Medizinischen Fakultät.«

Von all den Auszeichnungen, die Hannelore Kohl für ihr Werk erhielt, dürfte dies wohl die von ihr am meisten geschätzte sein, auch wenn sie den Titel niemals trug. Es war wohl auch kein Zufall, daß die Ehrung an einem Tag stattfand, an dem ihr Gatte außer Landes war. An diesen großen Tag wollte sie sichergehen, selbst im Rampenlicht zu stehen und nicht, wie so oft, im Schatten des Kanzlers.

Zwar hat Hannelore Kohl von Anfang an dafür gesorgt, daß das Kuratorium ZNS auch ohne sie arbeiten könne, doch ist eine solche Wohltätigkeitsorganisation sehr stark von der Führung durch eine in der Öffentlichkeit stehenden Persönlichkeit angewiesen. Ihr Tod war für ihre Mitarbeiter, für Vorstand und Beirat ein Schock, allein schon vom menschlichen Standpunkt aus betrachtet. Nun schwebt ein Fragezeichen über der zukünftigen Arbeit des Kuratoriums. Seine Einkünfte blieben 2001, im Jahr ihres Todes, auf gleicher Höhe wie sonst, doch ist man sich beim Kuratorium durchaus bewußt, daß Schritte unternommen werden müssen, um den Spendenfluß auch in Zukunft zu sichern. Man sucht nach einem Nachfolger für Hannelore Kohl und geht dabei sehr sorgsam vor, denn eine solche Entscheidung kann nicht überstürzt getroffen werden. Doch wo soll das Kuratorium nach einer Person mit dem Bekanntheitsgrad, der Entschlossenheit und dem speziellen Wissen suchen, das Hannelore Kohl auszeichnete?

Das Spendenkonto des Kuratorium ZNS lautet:
»Kuratorium ZNS«
Kontonummer 30 00 38 00
Bankleitzahl 380 500 00
bei der Stadtsparkasse Bonn

6

»Ich hab' schon so vieles erlebt, daß man glaubt, mehr kann nicht passieren. Aber es kann immer noch dicker kommen. Dessen muß man sich bewußt sein. Das ist der Grund, warum ich immer versucht habe, mein Leben zu ordnen.« Hannelore Kohl in einem Interview mit Sabine Gräfin Nayhauss in der »Hörzu«, 14. Oktober 1988.

Auch über siebzig Jahre nach seiner Entdeckung gilt Penizillin immer noch als eines der wirkungsvollsten Antibiotika. Berüchtigt ist es allerdings für die Allergien, die es auslösen kann. Diese können von leichten Hautausschlägen bis hin zu – wenn auch sehr selten – lebensbedrohlichen Schockzuständen reichen. Hannelore Kohl soll schon vor Jahren eine solche Penizillinallergie erlitten, sich aber vollkommen davon erholt haben. 1993 wollten ihr Mann und sie gerade zu einem Besuch von fünf asiatischen Ländern aufbrechen – die Sachen waren schon gepackt –, als sie sich eine Grippe holte. Sie nahm ein Medikament dagegen, wie sie der »Bild« gegenüber berichtete. »Es waren nur drei Tabletten, die aber, was ich erst Tage später registrierte, eine Dosis Penizillin enthielten, gegen das ich allergisch bin. Am nächsten Tag merkte ich, daß irgend etwas in mir nicht stimmte. Ich fühlte mich ganz seltsam. Ich habe meinem Mann gesagt, daß ich nicht nach Asien mitkomme. Er konnte es zunächst kaum glauben, weil er mich ja einen Tag vorher noch gesund und munter gesehen hatte.

Später bekam ich hohes Fieber. Dann kamen plötzlich allergische Reaktionen. Das konnte ich gar nicht begreifen, es ging so schnell. Ich kam sofort ins Krankenhaus. Diese Allergie war furchtbar, überall Entzündungen der Haut. Alles geschwollen. Ich hatte schlimme Schmerzen.« Sie erhielt Infusionen und starke Medikamente. »Ich habe kaum geschlafen, konnte nichts essen, habe nur Wasser getrunken ... ich hatte schwere Kreislaufprobleme, war sehr schwach.«

Eine große Feier zu ihrem sechzigsten Geburtstag mußte abgesagt werden. Doch konnte sie für ein paar Stunden nach Hause zu Mann und Söhnen. »Ich war nur ein paar Stunden auf den Beinen, es war wahnsinnig anstrengend.« Sie machte eine Kur in der Privatklinik von Freunden am Tegernsee. Die Schmerzen ließen nach, und sie fühlte sich langsam besser. Doch die Krankheit sollte sie nie mehr ganz los werden. Sie gab das Rauchen auf, und als große Helligkeit ihren Zustand noch verschlimmerte, mied sie direktes Sonnenlicht und grelle Lampen. Viel Aufhebens machte sie nicht darum; besuchte sie im Sommer ein Restaurant, nahm sie einen Tisch drinnen. Sie nahm Cortisontabletten zur Vorbeugung, wenn sie auf Reisen davon ausgehen mußte, daß sie einige Zeit im Freien zu verbringen hatte. Als lebenslange Kämpferin war sie entschlossen, sich nicht unterkriegen zu lassen. »Zu Anfang sagte sie: ›Ich werde damit fertig‹«, meinte eine Freundin. »Sie meinte immer: ›Ich schaffe das.‹ Sie wollte viel Neues beginnen. Sie wollte ihre Arbeit (für das Kuratorium ZNS) vervollständigen.«

»Es gibt Momente, da wünscht man sich von Herzen, es wäre endlich alles vorbei«, meinte eine andere Politikergattin über das öffentliche Leben ihres Mann, und Hannelore Kohl muß wohl oft dasselbe empfunden haben. Jedenfalls hatte sie sich schon lange auf die Zeit nach der politischen Karriere ihres Mannes gefreut, damit ihr Leben wenigstens etwas ruhiger würde – beide waren sie nun jenseits der Sechzig – und sie mehr Zeit miteinander und mit ihren Söhnen verbringen könnten. Dachte sie dabei auch an den Schwur, den sie am Krankenbett ihres Sohnes Peter 1991 vor Gott geleistet haben soll, und wenn ja, fühlte Helmut Kohl sich dadurch irgendwie gebunden? Vor den Wahlen von 1994 sah es auch tatsächlich so aus, als sei sich Helmut Kohl nicht sicher, ob er noch einmal kandidieren sollte, allerdings ist nicht klar, ob Hannelore und ihrer Erkrankung wegen oder aus einem diffusen Gefühl der Unlust und des schwindenden Interesses an der politischen Tretmühle. Jedenfalls dürfte er sich der Gefahren bewußt gewesen sein, die lauern, wenn man zu lange an der Macht festhält. Konrad Adenauer, der auf demütigende Weise von seiner eigenen Partei aus dem Amt gestoßen werden mußte, und Peter Altmeier, Kohls Vorgänger im Amt des Ministerpräsidenten von Rheinland-Pfalz, den er selbst entthronte, hatten schmerzliche Beispiele für das geliefert, was drohen konnte. Schon einige Jahre hatte er davon gesprochen, freiwillig das Feld zu räumen, und anscheinend hatte er dies auch vor, als er beabsichtigte, Wolfgang Schäuble zur Mitte der laufenden Legislaturperiode Platz zu machen. Das Attentat auf Schäuble machte diesen Rollentausch jedoch zunichte. Ob Helmut Kohl seiner Frau nun tatsächlich versprochen hat, 1994 nicht wieder zu kandidieren, wie berichtet wurde, ist ungewiß, doch wie sich die Dinge entwickelten, hatten politische Überlegungen wie immer Vorrang. Eine Menge harter Arbeit an der Europäischen Währungsunion lag vor ihm, in der zweiten Hälfte des Jahres 1994

Vor dem Reichstag in der Nacht vom 2. zum 3. Oktober 1990, dem Tag der Wiedervereinigung

November 1990 mit Raissa Gorbatschowa

Mit Helmut Kohl am Abend der gewonnenen Bundestagswahl 2.12.1990

In Washington mit ihren Söhnen, die in den USA studieren,
Mai 1991

Vor dem karnevalistischen Tennengericht in Münster, Januar 1991

Juli 1994 vor dem Brandenburger Tor
mit Hillary und Bill Clinton

Juni 1996, Buchvorstellung zusammen mit Jacques Chirac und Helmut Kohl in Frankreich

Besuch in der Pfalz
mit dem spanischen Königspaar, Juli 1997

Daheim, Januar 1997

Eine Rede als Präsidentin des Kuratoriums ZNS, November 1997

Im Gespräch mit Ingeborg Schäuble, November 1998

Bestürzung und Trauer über den Tod von Hannelore Kohl

Trauerfeier für Hannelore Kohl im Dom zu Speyer am 11. Juli 2001

sollte Deutschland die (rotierende) Präsidentschaft der Europäischen Union übernehmen, und Kohl, der sich dem europäischen Ideal verschrieben hatte, hatte das Gefühl, dabeisein zu müssen. Also stellte er sich erneut zur Wahl, wenn auch mit der vagen Vorstellung im Hinterkopf, nach zwei Jahren das Amt an Wolfgang Schäuble zu übergeben. Das Ziel der Durchsetzung des ungeliebten Euro vor Augen, schwand auch dieses Hoffnungsbild, und 1998 stellte er sich, zum sechsten Mal, erneut zur Wahl …

Diszipliniert und loyal wie immer, stellte sich Hannelore Kohl voll hinter die Entscheidung ihres Mannes. Für sie bedeutete dies weitere vier Jahre Einsatz, und das bei unsicherer Gesundheit. Längere Zeit fühlte sie sich gut, doch immer wieder schlug die Allergie zurück und quälte sie. Dennoch machte sie weiter und absolvierte ihre Pflichten als Kanzlergattin ebenso wie ihre Arbeit für die Hirnverletzten. Sie taufte einen viergleisigen Eisenbahntunnel unter dem Tiergarten in Berlin (es ist alte Tradition in Berg- und Tunnelbau, sich eine Schutzpatronin für einen Vortrieb zu suchen), der fortan »Hannelore« hieß. Sie hielt ein Wohltätigkeitskonzert mit dem großen Violinisten Lord Yehudi Menuhin im Leipziger Gewandhaus ab. Sie nahm sich die Zeit, um Orte ihrer Kindheit in den neuen Bundesländern aufzusuchen. In Döbeln verlief sie sich, da die Stadt sich in den dazwischen liegenden Jahren sehr verändert hatte. Zufälligerweise fragten ihre Leibwächter den stämmigen ortsansässigen Heimatkundler Gunter Friedel nach dem Weg, und er führte sie auf der Suche nach ihrem ehemaligen Aufenthaltsort und ihrer Schule auf seiner uralten grünen »Schwalbe« (Moped aus DDR-Zeiten) durch die Straßen und erfreute sie mit vielen Detailgeschichten über die Stadt.

Als Helmut Kohl und seine Regierung am 27. September 1998 schließlich eine Wahlniederlage erlitten, nahmen die Eheleute dies gelassen. Genau wie ihr Mann dürfte auch sie wohl damit gerechnet haben. Nach dem trüben Wahlabend mit seinen endlosen Fernsehinterviews im Konrad-Adenauer-Haus kehrten sie in den Kanzlerbungalow zurück, »haben noch kurz etwas gegessen, einen Schluck Wein getrunken. Es gab keinen Katzenjammer.« Danach, sagte sie, habe sie »geschlafen wie ein Stein. Tief und traumlos.« Der Regierungswechsel hatte nichts von der Bitterkeit, die vorgeherrscht hatte, als die FDP 1982 die Fronten gewechselt und Helmut Schmidt gestürzt hatte. Helmut Kohl übergab die Macht auf geradezu gentlemanhafte, kollegiale Weise an Gerhard Schröder. Hannelore Kohl hatte ein ausgiebiges Treffen mit Doris Schröder-Köpf, und beide stellten sogleich eine freundschaftliche Beziehung her. Zweifellos in Erinnerung an ihre ersten schwierigen Jahre als Kanzlergattin, als sie keinerlei Hilfe oder Führung hatte – sie war Loki Schmidt nur ein paarmal begegnet, und obwohl sie freundliche Beziehungen pflegten, ergab sich keine Gelegenheit zu einem längeren Austausch –, hatte sie »mir geradezu mütterliche Ratschläge erteilt, mich gleichsam ins Amt eingewiesen«, wie Frau Schröder-Köpf berichtet. Sie fand in Hannelore Kohl eine »liebenswürdige Frau, aufmerksam und mitfühlend, großzügig und großherzig«. Sie hielten den Kontakt telefonisch aufrecht. Die Schröders boten den Kohls an, bis zum Regierungsumzug nach Berlin im Kanzlerbungalow wohnen zu bleiben – Frau Schröder-Köpf wollte ihre Tochter Klara nicht aus ihrer gewohnten Umgebung in Hannover reißen und aus der Schule nehmen, nur um ein halbes Jahr später erneut nach

Berlin umzuziehen. Ihr Mann gab sich mit einem Übergangsquartier zufrieden.

Hannelore Kohl hat manchmal laut darüber nachgedacht, was sie wohl tun würden, wenn ihr Mann in den Ruhestand käme. Einmal sprach sie davon, auf einem Bauernhof zu leben – als Kind hatte Helmut Kohl Landwirt werden wollen –, ein andermal träumte sie davon, ihn in ihrer »Rakete«, ihrem Wagen, den sie gern schnell fuhr, durchs Land zu kutschieren. Sein Rückzug aus der Politik brachte ihr sicherlich ein weniger hektisches Leben, und zum ersten Mal seit Jahren genoß sie es, Zeit für sich selbst zu haben. »Wenn man das mit sechsundsechzig Jahren nicht hinkriegt, wann dann?« fragte sie einen Interviewpartner. Doch Helmut Kohl hatte nicht vor, sich ganz von der Politik zu verabschieden. Den Verlust des Amtes und der Parteiführung schien er spielend zu verkraften, denn noch hatte er immensen persönlichen Einfluß, wie seine politischen Kollegen, oft zu ihrem Verdruß, herausfinden sollten. Er hatte sein Bundestagsmandat und war zum Ehrenvorsitzenden seiner Partei ernannt worden. Helmut Kohl hatte die feste Absicht, sich weiterhin aktiv in das Leben seiner zu diesem Zeitpunkt demoralisierten Partei einzumischen. Einen Großteil seiner Zeit verbrachte er in Bonn, wo er ein winziges Büro im Bundestag hatte, und später in Berlin, wo man ihm im Haus Unter den Linden 71 großzügige und repräsentative Räumlichkeiten überließ. Hier hatte Margot Honecker als Volksbildungsministerin über Erziehung und Indoktrinierung der Ostdeutschen präsidiert. Von seinen Fenstern aus konnte er das Brandenburger Tor und die Kuppel des Reichstages sehen. Eine solche Arbeitsadresse in Berlin, schrieb er später in seinem Tagebuch, sei »die Erfüllung eines Traums«.

Die Kohls, die zuvor bei ihren Aufenthalten in der Hauptstadt in der Berliner Kanzlerresidenz gewohnt hatten, einer bezaubernden Villa in der Pücklerstraße am Rande von Grunewald, erwarben eine attraktive Altbauwohnung in der Caspar-Theyss-Straße in Wilmersdorf, und Hannelore Kohl machte sich mit großer Freude daran, sie nach ihren Wünschen zu sanieren und auszustatten. Während der Debatte, ob nun Berlin oder Bonn Hauptstadt des wiedervereinigten Deutschlands sein sollte, hatte sie ihre Ansichten streng für sich behalten, doch nun machte sie kein Geheimnis mehr daraus, wie sehr sie Berlin liebte und wie sehr sie sich darauf freute, dort zu wohnen. Ihr Mann und sie planten, ihre Zeit zwischen Berlin und ihrem Haus in Oggersheim aufzuteilen.

Helmut Kohl fuhr indessen seine Ernte an Ruhm und Ehre ein, die ihm seine Erfolge eingebracht hatten. Das Jahr nach seiner Wahlniederlage dürfte wohl das befriedigendste seines ganzen Lebens gewesen sein. Er wurde mit höchsten Ehren geradezu überschüttet. Die Staats- und Regierungsoberhäupter der Europäischen Union ernannten ihn zum Ehrenbürger Europas, ein Titel, der bis dato nur Jean Monnet, dem Vater des Gemeinsamen Marktes, verliehen worden war. Der polnische Präsident Aleksander Kwasniewski dekorierte ihn mit dem »Weißen Adler«, Königin Beatrix der Niederlande überreichte ihm den »Niederländischen Löwen«, der amerikanische Präsident Clinton die Freiheitsmedaille; dazu kamen noch das Große Band des Leopoldordens von Belgien und der tschechische »Weiße Löwe«. Das amerikanische Ost-West-Institut (CK) zeichnete ihn mit dem Preis als »Staatsmann des Jahrzehnts aus«, die Stadt Frankfurt am Main machte ihn zum Ehrenbürger, er wurde Ehrenmitglied des Deutschen Fußballbundes und des Deutschen Weinbauverbandes. Er wurde um Vorträge an ehrenwerten Instituten daheim und im Ausland gebeten, er war hochgeschätzter Gast bei halboffiziellen Besuchen in Peking, Israel, Italien und den Vereinigten Staaten. Die Staatsmänner der Welt telefonierten mit ihm oder statteten ihm einen Besuch ab. Zu Hause wuchs seine Popularität, er hatte einen triumphalen Auftritt auf dem Parteikongreß am 27. April 1999 in Erfurt, er ging in den Kampf zu den Europawahlen im Juni des Jahres, bei denen CDU/CSU mächtige 48 Prozent der Stimmen errangen und zur größten Gruppe innerhalb des europäischen Parlamentes wurden. Kanzler Gerhard Schröder und seine rot-grüne Regierung mühten sich ab, und Kohl spürte, daß es viele Wähler gab, die ihn sich zurückwünschten. Und dann war da noch der zehnte Jahrestag des Falls der Berliner Mauer, wo er als großer Staatsmann gefeiert wurde.

Hannelore begleitete ihn nur zu sehr wenigen dieser Ereignisse. Sie zog sich immer mehr aus dem öffentlichen Leben zurück und lehnte auch Termine für ihre eigene Wohltätigkeitsarbeit ab. Gerade als sich die Öffentlichkeit zu fragen begann, warum, erklärten die Kohls, daß sie an einer Lichtallergie leide.

Am 4. November 1999, fünf Tage vor dem zehnten Jahrestag des Mauerfalls gab es eine Pressemeldung, die wie ein eisiger Hauch über den warmen Schein der Anerkennung fuhr. Gegen Walter Leisler-Kiep, den ehemaligen Schatzmeister der CDU, war Haftbefehl wegen des Verdachts erlassen worden, er habe eine Million DM von einem dubiosen Geschäftsmann namens Karlheinz Schreiber erhalten und diesen Geldeingang nicht vor dem Finanzamt deklariert. Hannelore war mit einer Freundin in Berlin, als sie davon hörte. Zunächst nahm sie die Nachricht nicht sehr ernst, erzählt die Freundin. Hannelore Kohl konnte kaum ahnen, daß dies der Anfang eines Umbruchs sein sollte, der ihr Leben auf den Kopf stellen und den Beginn einer Tragödie markieren sollte.

Acht Tage nach dem zehnten Jahrestag veröffentlichte die »Süddeutsche Zeitung« einen Artikel von Hans Leyendecker, in dem behauptet wurde, Kohl habe Geld aus schwarzen Kassen dazu verwendet, Zwistigkeiten innerhalb seiner Partei beizulegen. Dieser Artikel löste eine wahre Flut an Anschuldigungen aus – die Regierung Kohl sei korrupt gewesen, für die Lieferung von Spürpanzern an Saudi-Arabien seien Schmiergelder geflossen, ebenso für den Verkauf von Airbussen an Kanada und Thailand, von Hubschraubern an Kanada und im Zusammenhang mit dem Verkauf des maroden Leuna-Chemie-Komplexes an die französische Firma Elf-Aquitaine.

Erneut brach der Wortkrieg wieder aus, der schon um Kohl als Oppositionsführer und frisch gewählter Kanzler getobt hatte, doch diesmal erheblich gewalttätiger als zuvor. Jetzt ging es nicht mehr um die Verspottung seiner Provinzialität oder um Kritik an seinen Entgleisungen – diesmal war es erheblich ernster. Zuvor hatte er alles aussitzen, sich an sein Amt klammern und die Kritik schließlich links liegen lassen können. Nun hatte er nichts, wohin er sich wenden konnte, es konnte nur noch schlimmer werden: Er hatte seine ungeheure Reputation als einer der großen Staatsmänner des Jahrhunderts zu verlieren.

Wieder einmal schien es, als lebten die widerstreitenden Seiten in diesem Konflikt in verschiedenen Welten. Für seine Kritiker – von links wie von rechts – stellte Kohls Eingeständnis, anderthalb bis zwei Millionen DM an nicht öffentlich gemachten Spenden entgegengenommen zu haben, und seine Weigerung, die Spender zu nennen, einen Rechtsbruch dar, also auch eine Verletzung seines Amtseides, und für manche grenzte dies schon fast an Hochverrat. Millionen anderer, auch vieler seiner Anhänger, empfanden dies vor allem als Schock, daß der Übervater, der das Land so lange in Sicherheit gewiegt hatte, ihr Vertrauen derart mißbraucht hatte.

Für Helmut Kohl und seine schwindende Anzahl an Anhängern war dies alles nur eine Kampagne der Opponenten in Politik und Presse, ihn zu kriminalisieren und seine sechzehnjährige Kanzlerschaft zu diskreditieren. Seine Kritiker, behauptete er, seien von reinem Haß geleitet, und jene in seiner Partei, die sich von ihm distanzierten, seien Verräter. Er war entschlossen, um eine »korrekte Darstellung« der Ereignisse zu kämpfen und »der beabsichtigten Verfälschung der Geschichte entgegenzuwirken«. Ein Ergebnis dieses Entschlusses war »Mein Tagebuch 1998-2000«, in dem er seine Sicht der Ereignisse darlegte, und schon bald darauf begann er die Arbeit an seinen Memoiren.

Auf Hannelore Kohl hatte dies alles eine verheerende Wirkung. Sie litt unter dem Gedanken, daß sein – und damit auch ihr – Lebenswerk zerstört werden könnte. Auch sie betrachtete die kritische Haltung der ehemaligen politischen Freunde als Verrat. Zu Angela Merkel, der CDU-Generalsekretärin, die sich von ihrem Entdecker und Beschützer distanzierte, sagte sie: »Du bist doch auch nicht anders als alle anderen.« Es lag nur wenig Trost in der Feststellung, daß zukünftige Generationen sein Lebenswerk im wahren Licht sehen werden: »Aber wir leben jetzt!« Helmut Kohls Eintrag im »Tagebuch« zum Silvester 1999 lautet: »Ich spüre ... wie sehr Hannelore unter den Umständen leidet, wie sehr ihr die letzten Wochen zugesetzt haben.« Er bemühte sich, sie auf die ihm eigene Weise zu trösten: »Ich versuche, sie in der Silvesternacht an schönere, bessere Zeiten zu erinnern. Beispielsweise die Silvesternacht vor zehn Jahren, als wir gerade bei den ersten gesamtdeutschen Wahlen so erfolgreich abgeschnitten hatten und die Regierungsverantwortung für das erstmals vereinte Deutschland übernehmen konnten. Welch eine Stimmung herrschte damals, welche Euphorie in den Unionsparteien! Und heute? Selten zuvor habe ich Hannelore so innig und fest in die Arme geschlossen.«

Wie immer stand sie treu zu ihm. Sie spendete ihm sicherlich viel Trost, unterstützte und ermutigte ihn. Gemeinsam nahmen sie eine Hypothek von einer halben Million DM auf ihr Haus auf; die Summe sollte zu den 700 000 DM gehören, die sie persönlich beisteuerten, um die 6,3 Millionen DM an Strafe abzuzahlen, die der CDU wegen seines Fehltritts drohten. Sie trieb Spenden bei Freunden und Anhängern ein, die mit ihnen fühlten. Manches davon wurde direkt an sie, nicht an ihn überwiesen – in Anerkennung ihrer Popularität –, und oft war sie es, die den Spendern dankte. Man kann sich gut vorstellen, daß sie, ebenso wie er und viele Getreue, glaubte, damit seine Handlungsweise wiedergutgemacht zu haben. Ein Hinweis auf die Atmosphäre im Hause Kohl findet sich in einem Brief Monsignore Erich Ramstetters, eines engen Freundes der Familie, an eine Leserin der »Augsburger Allgemeinen«, in dem er schreibt: »Dr. Kohl hat sich zu seinem Fehler bekannt. Er hat ihn bereut und versucht, zumindest den materiellen Schaden wiedergutzumachen … nach dem Verständnis unserer Kirche, zu der Sie ja auch gehören, hat er damit Vergebung verdient.«

Und dennoch. Hannelore Kohl hatte stets ihre eigenen Ansichten gehabt und hatte Helmut Kohl kritisch und loyal beigestanden – war sie auch jetzt noch in der Lage, die Affäre in einem differenzierteren, realistischeren Licht zu sehen als er, oder konnte sie dies alles nur noch mit seinen Augen betrachten? Hätte sie ihn davor gewarnt, daß er mit seinem »Ehrenwort« und der Verzerrung der Ereignisse, mit seiner Uneinsichtigkeit und seinen kleinlichen Abrechnungen in seinem »Tagebuch« riskierte, sein eigenes Denkmal viel effektiver zu beschädigen als sonst jemand? Hätte sie erkannt, daß die »unverhältnismäßige« Reaktion auf die Affäre nicht so sehr von seinem Fehler – die Summe, die er eingestand, war im Vergleich zu anderen Spendenaffären geradezu Kleingeld – als von der ungeheurem Macht bestimmt wurde, die er so lange in Händen gehalten hatte, und von der Art, wie er sie eingesetzt hatte? Linke Intellektuelle mochten ihn ja vielleicht, wie der »Bild«-Herausgeber Kai Diekmann glaubt, geißeln, weil er »ihre Lebenslüge der zwei deutschen Staaten entlarvt hat«, doch die kritische Presse rächte sich zumindest teilweise auch für die Verachtung, mit der er sie zuvor jahrelang behandelt hatte (»Ich würde lügen, wenn ich behauptete, es sei nicht so«, gestand ein prominenter Magazinjournalist ein). War sie in der Lage, ihn von noch schädlicheren Reaktionen abzuhalten? Litt sie vielleicht nicht nur mit ihm, sondern – und wenn auch nur teilweise – wegen ihm?

Helmut Kohl, der ihr und seinen Söhnen wiederholt für ihre Unterstützung dankte, stellte stets eine vollkommen einige Familie vor. »Die Familie steht zum Vater. Darauf bin ich stolz, darüber bin ich glücklich. Meiner Frau, die es am schwersten hat, habe ich unendlich viel zu verdanken«, sagte er gegenüber Claus Jacobi von der »Welt«. »Und als es darum ging, bei der Aktion persönlich einzusteigen, war das bei uns keine Diskussion, auch nicht bei den Söhnen«, schrieb er in seinem »Tagebuch«. »Hannelore hat in den letzten Jahren trotz ihrer belastenden Krankheit Großartiges geleistet. Die Erfahrungen der letzten Monate haben sie tief getroffen.«

Ein besonders schrecklicher Augenblick für sie drohte im Februar 2000. Journalisten und Kameraleute umlagerten das Haus in Oggersheim und die Wohnung in Berlin rund um die Uhr, niemand konnte hinein oder hinaus, ohne gefilmt zu werden. Die Meldung, daß die Bonner Staatsanwaltschaft eine Hausdurchsuchung durchführen wollte, traf sie zutiefst. Was für eine Demütigung – ihr Haus sollte vor laufenden Kameras und offenen Mikrofonen durchsucht werden! Helmut Kohl sorgte sich, daß sie es nicht aushalten würde. Die Hausdurchsuchung wurde dann allerdings abgesagt, da er bereits vorher Kenntnis von dieser Aktion bekommen hatte.

Hannelore Kohl litt nicht nur wegen ihm. Wieder einmal war sie auch direkt betroffen. In Ludwigshafen machten die wildesten Gerüchte die Runde: Man erzählte sich, sie habe eine Affäre mit dem führenden Kopf einer ortsansässigen Firma, habe Kohl verlassen und lebe mit dem Mann in Mannheim. Sie hatte dies dementieren lassen – tatsächlich hatte sie sich einer Freundin zuliebe eine Wohnung angeschaut. Journalisten hatten Nachforschungen angestellt und nichts gefunden. Doch immer noch gab es die Gerüchte.

Doch es sollte noch schlimmer kommen – man munkelte, sie habe Schwarzgelder ihres Mannes über die Konten des Kuratoriums ZNS laufen lassen. Die Tatsache, daß sie und ihre kostbare Schöpfung nun ebenfalls in den Sumpf der Spendenaffäre gezerrt werden sollten, verletzte sie mehr als alles andere.

Die Bewohner der Gegend um Ludwigshafen haben die Gewohnheit, politische Dispute auf der Straße auszutragen und dabei recht derb zu werden, bestätigt ein Pfälzer Freund. Hannelore Kohl wurde beim Einkauf beschimpft und angepöbelt, so daß sie von nun an noch weniger aus dem Haus ging. Sie war besorgt. »Sie verstand die Welt nicht mehr«, meinte ein Kollege. Nach all den Jahren der Selbstaufopferung und der unentgeltlichen Arbeit für das Land und die Unfallverletzten mußte sie sich von wildfremden Menschen auf der Straße als »Spendenhure« beschimpfen lassen.

Nach ihrer fast tödlichen Reaktion auf Penizillin im Jahre 1993 schien sich ihre Allergie trotz Schwankungen und einer Resistenz gegen verschiedene Medikamente langsam zu bessern. Auf einem Spaziergang im Wald, wie üblich unter einem Schirm, um sie vor dem Sonnenlicht zu schützen, sagte eine Freundin zu Hannelore Kohl: »Seit zwei, drei Jahren machst du eigentlich immer kleine Schritte vorwärts. Wenn das so weiter geht, bist du in etwa drei Jahren wieder gesund.« Hannelore war weniger optimistisch. Ungefähr ein Jahr später, nachdem all die Ärzte und Heilpraktiker, die sie konsultiert hatte, ihr nicht hatten helfen können, entschloß sie sich zu einer Desensibilisierungsbehandlung, die sie kleinen, sich stetig steigernden Dosen von Licht aussetzte. Bei anderen Patienten war diese Methode erfolgreich, für Hannelore Kohl war sie die letzte Hoffnung. Aber die Behandlung schlug fehl.

Ihre Krankheit verschlimmerte sich. Sie wurde so lichtempfindlich, daß sie den ganzen Tag bei verdunkelten Fenstern im Hause bleiben mußte. »Bei Tageslicht oder Sonnenlicht ist das Leben für mich die Hölle«, sagte sie. Nur nachts konnte sie hinaus, um sich fit zu halten – sie nannte das »Powerwalking« und war sehr stolz darauf: »Obwohl ich achtundsechzig bin, hänge ich immer noch die meisten Leute ab.« Sie reiste in Fahrzeugen mit verdunkelten Scheiben; wenn sie sich verabredete, mußten die Fenster in den Räumen verhängt werden, um das Tageslicht auszusperren. Einer Freundin gegenüber klagte sie: »Ich kann die Blumen in meinem Garten nur noch mit einer Taschenlampe sehen.«

Helmut Kohl kann sehr besorgt sein, wenn es um Kranke oder Behinderte geht, und er hat sich sehr um sie gekümmert und über Freunde und Kontakte versucht, im In- und Ausland nach Spezialisten zu suchen, die ihr helfen konnten. Hannelore suchte einen Arzt nach dem anderen auf – insgesamt zwölf, sagte sie einmal –, sie versuchte alle möglichen Therapien, doch nichts half. »Ich habe es mehrmals erlebt, wie deprimiert er war, wenn wieder eine Therapie nicht geholfen hat«, schrieb Monsignore Ramstetter in dem bereits erwähnten Brief. »Ich weiß nicht, ob Sie sich die Dramatik vorstellen können, die in den letzten Monaten im Hause Kohl herrschte, als sich der Zustand immer mehr verschlechterte und das Haus den ganzen Tag völlig abgedunkelt war.« Es war offenkundig auch ein psychologischer Zustand, »eine Krankheit der Seele«, wie Monsignore Ramstetter betont. Hannelore Kohl bemühte sich um psychiatrische Behandlung in Berlin und München, doch auch dies blieb ohne Erfolg.

Ihre Schwierigkeiten scheinen die Eheleute Kohl nur noch enger aneinandergeschmiedet zu haben. Dr. Theo Schwarzmüller, ein junger, ausgezeichneter Historiker der Universität Mannheim, den Helmut Kohl als wissenschaftlichen Berater bei der Zusammenstellung seiner Memoiren zu Rate gezogen hat, schrieb später in einem Artikel in der »Welt am Sonntag«: »Entgegen allen Spekulationen bleibt festzuhalten, daß die Eheleute sich liebevoll, ja rührend umeinander kümmerten. Das hätte ich vorher – ehrlich gesagt – dem harten Machtpolitiker nicht zugetraut. Aber warum soll ein Helmut Kohl nicht auch Nähe und Zärtlichkeit zeigen dürfen?«

Trotz ihres bedenklichen Gesundheitszustandes beteiligte Hannelore Kohl sich aktiv an der Arbeit an seinen Memoiren, schreibt Schwarzmüller: »Sie saß nicht nur dabei, wenn Helmut Kohl seine Erinnerungen auf Tonband sprach, sondern dachte und diskutierte mit, ergänzte ihren Mann. Es war auch ihr Lebensweg, den sie mit ihm, mehr als ein halbes Jahrhundert lang, gegangen war. Sie trug Daten und Namen bei, konnte aus ihrem Gedächtnis manche Zusammenhänge rekonstruieren … gelegentlich rief sie mich auch an, um ihre Eindrücke von einer internationalen Konferenz nachzutragen. Es war unverkennbar, daß sie das Lebenswerk ihres Mannes auch als ihre eigene Leistung empfand – nach meinem Urteil völlig zu Recht – und sich damit identifizierte, ohne unkritisch zu sein.« Manchmal, so fügte er an, fühlte sie sich zu krank, um weiterzumachen, und mußte sich entschuldigen und sie verlassen.

Tag um Tag, Woche um Woche, Monat um Monat vergingen in Dunkelheit und dann auch noch in Kälte, denn selbst Wärme bereitete ihr Schmerzen, und Hannelore Kohls natürliche Fröhlichkeit versiegte. Sie führte das Kuratorium vom Telefon aus. Bekannte mieden sie, vielleicht fürchteten sie, ihr zur Last zu fallen, und sie wurde immer einsamer. Doch ihre besten Freunde besuchten sie oft und sorgten dafür, daß sie nicht einsam war. Sie sprachen, wie eine Freundin berichtet, stundenlang über Gott und die Welt, halfen ihr bei den schriftlichen Arbeiten für das Kuratorium ZNS, spielten häufig Karten, woran Hannelore große Freude hatte. Manchmal bat sie darum, sich mit ihr alte Fotos aus ihrer Kindheit in Leipzig oder Schnappschüsse von ihrer Familie anzusehen. Eine ihrer Freundinnen war Irene Ludwig aus Düsseldorf, die später sagte: »Wir hielten uns den ganzen Tag im Dunkeln auf. Die Jalousien waren immer herabgelassen. Nur die Zimmerlampen brannten. Wenn ich mal auf die Terrasse wollte, mußte ich durch die Waschküche im Keller gehen, damit ja kein Lichtstrahl in die Wohnung kam.« Sie spielten Karten, und »wir haben uns immer was Leckeres gekocht«, berichtete sie der »Bunten«. Nachts gingen sie hinaus, machten eine Fahrt nach Heidelberg, einen Spaziergang durch den Wald in Begleitung eines Leibwächters oder schwammen im Swimmingpool. »Es ging richtig locker zu … sie hat mich ja gern um sich gehabt.«

Doch für eine Frau, deren Leben über Jahre hinweg daraus bestanden hatte, anderen Menschen zu begegnen, zu reisen, Dinge zu erreichen, Ehre und Anerkennung zu erfahren, müssen die Unbeweglichkeit und zunehmende Vereinsamung ungeheuer schwer gewesen sein. Sie wurde, obwohl sie schon schlank war, sehr dünn. Sie war schwach und litt zeitweise unter schweren Depressionen. Sie versuchte, sich mit ihrer Arbeit für das Kuratorium abzulenken. Am liebsten wäre sie nach Berlin gezogen, sagte sie, in ihre Wohnung, die sie so sorgfältig eingerichtet hatte, doch sie war kleiner, es gab weniger Raum und auch keinen Garten, in dem sie in der Nacht hätte spazierengehen können. »Meine dortigen Freunde und das kulturelle Angebot der Stadt vermisse ich sehr«, sagte sie. Ende Mai konnte sie nicht an der prächtigen Hochzeit ihres Sohnes Peter teilnehmen, der seine ehemalige Kommilitonin und langjährige Freundin heiratete, die Türkin Elif Sozen, nun Investmentbankerin in London, wo Peter Kohl eine Investmentberatungsfirma betreibt. »Als Mutter tut mir das natürlich ganz besonders weh«, meinte sie. »Aber zu grelles Licht löst einfach zu große Schmerzen bei mir aus.« Also blieb sie zu Hause, und die Familie rief sie den ganzen feierlichen Tag über immer wieder von ihren Handys aus an. Bei seiner Rückkehr schaute Monsignore Ramstetter vorbei und berichtete ihr ausführlich. Hannelore weinte »vor Glück und vor Schmerz«, sagte er später.

Helmut Kohl war »wenn irgend möglich, pro Woche drei bis vier Tage« daheim, so Monsignore Ramstetter. Doch auch er litt darunter, den ganzen Tag im dunklen Haus zu sein, und das »tat ihr furchtbar weh. Darum habe sie auch nicht gewollt, daß er ständig zu Hause war.« Sie bestand darauf, daß er seine Kämpfe in Berlin und anderswo ausfocht. Nach einundvierzig Jahren der Selbstaufopferung für ihn wäre jeder Gedanke, ihn anzubetteln, doch bei ihr zu bleiben, »Fahnenflucht gewesen«, meint ein anderer Freund.

Die ganze Zeit über blieb ihr Gesundheitszustand unsicher, manchmal schien er sich zu verschlechtern, manchmal zu verbessern. Es gab Augenblicke, wo es so aussah, als könne sie wieder ausgehen, und sie war bei bester Laune. Die Feiern zu Helmut Kohls siebzigstem Geburtstag wurden wegen des Spendenskandals abgesagt, aber Hannelore begleitete ihn, zusammen mit Monsignore Ramstetter und dessen Bruder Fritz, ebenfalls Geistlicher, in eines ihrer Lieblingsrestaurants, ins »Cheval Blanc« nach Niedersteinbach im Elsaß. Im selben Sommer half sie bei der Erstellung eines Videos für das Kuratorium ZNS, doch ihr Erscheinungsbild hätte jeden schockiert, der sie schon eine Weile nicht mehr gesehen hatte. Sie saß bei gedämpftem Licht am Schreibtisch und las einen vorbereiteten Text, statt wie üblich frei zu sprechen. Sie wirkte hager und hatte tiefliegende Augen, und manchmal schien sie Schwierigkeiten beim Sprechen zu haben. Ihre Bewegungen, die sonst so schnell und spontan wirkten, waren erheblich langsamer geworden.

Oft genug waren die Schmerzen schier nicht mehr zu ertragen. »Ich verbrenne von innen«, wird sie zitiert. Sie mußte starke Schmerzmittel und andere Medikamente nehmen. Manchmal war sie kurzatmig, ein andermal sehr schwach. Die Allergie befiel Gesicht und Hände nicht, doch die Hautreizungen am ganzen übrigen Körper müssen unerträglich gewesen sein. Sie fing an, das Radio zu hassen, denn geradezu endlos wurde über die Spendenaffäre berichtet, doch auch fernsehen konnte sie nicht mehr, wegen des Lichts und der Wärme. Auch die Klimaanlage war aus demselben Grund weit heruntergedreht. Frau Schröder-Köpf schickte ihr Krimis als Lesestoff, und das Telefon wurde Hannelore Kohls letzte Verbindung mit der Außenwelt.

Niemand wird jemals genau wissen, wann Hannelore Kohl den Entschluß faßte, sich das Leben zu nehmen, und welch einsame Qualen sie dieser Entschluß gekostet haben mag. Sie wußte, so berichtet ihr Mann, daß sie früher oder später auf der Intensivstation gelandet wäre, und war entschlossen, es gar nicht erst dazu kommen zu lassen. Sie hätten sich über den Freitod unterhalten, sagt er, geht aber nicht weiter ins Detail. Der Selbstmord war eine Entscheidung, die sich ganz aus ihrem Leben, ihrem Charakter erschließen läßt. Ihr Leben war wieder an den Ausgangspunkt zurückgekehrt. Wieder litt sie ungeheure Qualen, körperliche wie seelische. Und wieder mußte sie damit fertig werden. Trotz Schwäche und Depression war der Entschluß vollkommen rational begründet: Ihr Leben war unerträglich geworden, es gab keine Hoffnung auf Besserung, daher war es besser, es zu beenden. Besser auch, so könnte man ihre Gedanken vermuten, für ihren Mann und ihre Söhne. Es sollte ein furchtbarer Schock für sie sein, doch besser, als sie jahrelang hilflos mitleiden zu lassen, während sie unter Schmerzen und Leid dahinsiechte. Der Freitod war für sie auf der einen Seite ein Akt der Befreiung; auf der anderen Seite war es der letzte Akt der Aufopferung für die anderen.

Sie machte sich auf die ihr typische Weise daran, indem sie alles sorgfältig vorausplante. Für eine Weile muß ihr Leben auf parallelen Bahnen verlaufen sein, während sie gleichzeitig Pläne fürs Leben machte und Vorbereitungen auf den Tod traf. Die starken Schmerzmittel und Schlaftabletten, die sie benötigte, muß sie heimlich beiseite geschafft haben – bei ihrer praktischen Veranlagung und beinahe wissenschaftlich gründlichen Einstellung wird sie sich bestimmt über Menge und Mixtur informiert haben, die nötig waren.

Sie schrieb Zettel mit genauen Anweisungen, wie der Haushalt zu führen sei, und eine Reihe von Abschiedsbriefen, was sie einige Zeit in Anspruch genommen haben muß. Darunter finden sich Briefe an langjährige Freunde, an Mitarbeiter und an ihre Familie. Ausgewählte Auszüge aus dem Brief an ihren Mann, die später von Freunden des Paares, offenbar mit Einwilligung, wenn nicht gar auf Wunsch Helmut Kohls, an die Springer-Presse weitergegeben wurden, widersprachen dem Bild von ihrer Ehe als »Lebenslüge« und von ihm als unverantwortlichen, selbstsüchtigen und lieblosen Gatten. Den längsten Auszug liefert Theo Schwarzmüller in seinem Artikel in der »Welt am Sonntag«. »Sie geht … zunächst auf ihren Leidensweg seit dem Anfang ihrer Krankheit 1993 ein: ›Ich habe über viele Jahre um Licht und Sonne gekämpft – leider vergebens.‹« Weiter schreibt er: »Nach vielen ärztlichen Konsultationen habe sie jetzt endgültig keine Hoffnung mehr auf Besserung. Ihre Krankheit sei nach dem Befund der Mediziner unheilbar. Den Glauben an Wunder habe sie aufgeben müssen. Weiter schreibt Hannelore Kohl wörtlich: ›Ich danke Dir für viel Hilfe, Zuspruch und Deine Versuche, mein Leben zu erleichtern. Zusammen mit Dir habe ich viele gute Jahre gehabt, und auch schlechte Zeiten haben wir durchgestanden. Ich danke Dir für ein Leben mit Dir und an Deiner Seite – voller Ereignisse, Liebe, Glück und Zufriedenheit. Ich liebe Dich und bewundere Deine Kraft. Möge sie Dir erhalten bleiben, Du hast noch viel zu tun.‹«

Mit ungeheurer Selbstdisziplin führte sie ihr Leben weiter, ohne daß sie ihren geheimen Plan verriet, auch wenn man im nachhinein auf Andeutungen stößt, die nun eine tiefere Bedeutung zu haben scheinen, welche damals niemandem bewußt war. Als sie über die Gerüchte sprach, sie habe Helmut Kohl verlassen, meinte sie, sie habe beschlossen, diese zu ignorieren, denn »mir ist die Zeit zu schade, um mich darüber zu ärgern«. In einem anderen Interview sagte sie: »Das letzte, was man sich erlauben kann, ist aufzugeben.« Und zu einer Mitarbeiterin: »Was soll ich, wenn ich kein Licht sehen kann?« Wenige Tage vor ihrem Tod erhielt Erwin Weissenberg, der Präsident des BDH, zu seinem Geburtstag einen Brief von ihr. Darin stand nichts Ungewöhnliches; bemerkenswert war nur, daß er mit Füllhalter statt Kugelschreiber geschrieben worden war und daß ihre besten Wünsche für seine Gesundheit und sein Wohlergehen sorgfältiger formuliert schienen als sonst. Im Rückblick denkt Weissenberg, diese Zeilen könnten als Abschied gemeint gewesen sein.

Am Samstag vor ihrem Tod traf sich Helmut Kohl mit Bernhard Vogel und dem ehemaligen Staatsminister im Kanzleramt Anton Pfeifer zum Abendessen im Deidesheimer Hof, einem ihrer Lieblingslokale, wo das Paar schon unzählige Male gespeist hatte, oft auch mit prominenten Staatsgästen. Dr. Vogel, der wußte, daß Kohl etwas zu besprechen hatte, war überrascht, als dieser ihm mitteilte, seine Frau würde sich ihnen später anschließen. Sie kam gegen halb zehn, nach Einbruch der Dunkelheit, bestellte Zanderfilet und alkoholfreies Bier, danach Eiscreme. Es wurde ein entspannter, fröhlicher Abend, sie lachten und unterhielten sich über ihren bevorstehenden Urlaub in St. Gilgen. Sie saßen gemeinsam im öffentlichen Teil des Restaurants, nicht in dem kleinen holzgetäfelten Nebenraum, wo Kohl seine Staatsgäste bewirtete. Hannelore sei sehr dünn gewesen, sagt Dr. Vogel. »Sie sah krank aus, aber nicht todkrank. Sie war geistig nicht irgendwie ermattet.« Sie blieben bis nach Mitternacht. Ein Sicherheitsbeamter bot ihr den Arm an, als sie die Stufen hinuntergingen, »aus Höflichkeit – es war nicht nötig«. Sie machte sogar Witze darüber. Es habe keinen Grund für einen letzten Abschied gegeben, meint Dr. Vogel. Im nachhinein fragte Dr. Vogel sich, ob Hannelore Kohl nicht in Vorbereitung ihres Todes noch ein letztes Mal in den Deidesheimer Hof habe gehen wollen.

Am darauffolgenden Montag rief sie ihre Sekretärin im Kuratorium ZNS an, um Pläne für Termine und Gespräche während eines Besuchs abzuklären, den sie für die folgende Woche in Bonn geplant hatte. Sie bat darum, einen Termin bei ihrem Zahnarzt auszumachen. Zu Hause sorgte sie dafür, daß eine gewisse Menge an schwarzer Plastikfolie besorgt würde, um damit die Fenster im Haus in St. Gilgen zu verhängen.

Sie telefonierte mit einer Journalistin, mit der sie sich angefreundet hatte, und berichtete ihr, sie habe eine weitere Therapie abgebrochen, weil auch diese nicht angeschlagen habe. Die Ludwigshafener Schulfreundin Annelie Wiss versuchte sie aufzumuntern: »Sei nicht so mutlos, laß uns doch mal wieder spazierengehen.« Hannelore Kohl antwortete: »Ich weiß nicht, das wird wohl nichts mehr. Ich habe die Hoffnung aufgegeben.«

Wann und warum sie nun die Nacht von Mittwoch, dem 4. Juli für ihre Tat wählte, wissen wir nicht. Hatte sich die letzte Hoffnung auf eine Heilung zerschlagen? Hatten sie unerträgliche Schmerzen überfallen? Stand sie vor einem Abgrund tiefster Verzweiflung? Oder war ihre Entscheidung von den Ereignissen bestimmt, die sich fünfhundert Kilometer entfernt abspielten? Ihr Mann, das dürfte sie wohl gewußt haben, hatte gerade einen Kampf gewonnen und verhindert, daß die Abhörprotokolle der Staatssicherheit der DDR bei den Untersuchungen gegen ihn Verwendung fanden – für ihn war dies ein bedeutender Sieg, und sie wäre sicher erleichtert gewesen. Sie wußte, daß er in Berlin bleiben würde – er feierte bei einem Essen mit seinen Anwälten. Als ein paar Tage zuvor eine Freundin anrief und ihr vorschlug, sie am Mittwochabend zu besuchen, entgegnete Hannelore – ohne irgendeinen Grund anzugeben: »Nein, Mittwoch geht es nicht.« Sie wollte offensichtlich allein sein.

Die Tat muß sie ihre ganze innere Kraft gekostet haben, die sie während der furchtbaren Zeiten ihres Lebens entwickelt hatte. Und so, wie sie diese Kraft als junges Mädchen entwickelt hatte, um zu überleben, brauchte sie sie nun, um zu sterben. In jener Nacht legte sie in dem dunklen und kalten Haus, das so viele Jahre ihre Heimat gewesen war, die Briefe an die Familie auf den Küchentisch, wo man sie sofort entdecken würde. Einen weiteren Stapel Briefe deponierte sie an anderer Stelle, damit sie später an die Adressaten geschickt werden konnten. Dann hinterließ sie noch eine offene Nachricht an diejenige Person, die sie als erste entdeckte – sie scheint damit gerechnet zu haben, daß dies ihr Gatte sein würde. Dann zerdrückte sie die Tabletten, die sie gesammelt hatte, und verrührte das Pulver in einem Glas mit Flüssigkeit, legte sich zu Bett und trank die tödliche Mixtur mit einem Strohhalm. Bevor es noch Mitternacht schlug, war sie tot.

7

Dies ist das Bild, das ich mir nach allerbestem Wissen und angesichts der starken Opposition der Familie von der wahren Hannelore Kohl habe machen können. Es handelt sich um ein Porträt, das nicht zu den Vorstellungen paßt, die sich die beiden Seiten der Auseinandersetzung gemacht haben, die einen Großteil der letzten dreißig Jahre um ihren Mann tobte und sie oft genug mit betroffen hat.

Gewiß – sie war ein wichtiger Teil des öffentlichen Bildes von Helmut Kohl, von seiner »heilen Welt« im Stile der fünfziger Jahre. Für die Außenwelt wirkte sie wie das Heimchen am Herd, das Mütterlein für seine hervorragenden Söhne, wie die grazile, wohltätige und selbstaufopfernde »Frau« – was für ein ermüdend abgegriffenes Klischee – »an seiner Seite«. Doch die Wirklichkeit lag nicht in dem konventionellen Idyll, sondern ganz woanders. Sie verbrachte Jahre damit, ihre Kinder allein großzuziehen, verbrachte ein Leben lang damit, auf einen abwesenden Mann zu warten, dessen politische Aktivitäten einen höheren Stellenwert zu haben schienen als sie, Jahre, in denen sie die Feindseligkeiten mit ihm teilte ebenso wie den Ruhm – der Preis, den sie für die Ehe zahlte, für ihre Familie und für die Befriedigung, die sie in ihrer Rolle fand, war immens.

Gewiß – man kann mit einigem Recht sagen, daß sie benutzt, ja ausgenutzt wurde. Ihr Leben, wie das Leben von Millionen von Frauen ihrer Generation, stand zum großen

Teil im Dienste ihres Gatten. Sie hatte es sich zwar nicht so ausgesucht, aber sie entschied sich doch aus freien Stücken dazu, und dank ihrer Selbstaufopferung und ihrer großen Entschlossenheit war sie darin auch erfolgreich. Und was immer man auch von Kohl und seinem übergroßen Ego halten mag, so wäre es ungerecht, das Ehepaar für einen Lebensstil zu kritisieren, der – so altmodisch er auch war – das Ideal einer Gesellschaft dargestellt hatte, in der sie aufgewachsen waren. Ihre Ehe (und allein schon bei der Vorstellung daran wird es viele moderne Frauen schaudern) war zweifellos schwierig, aber es gab offenbar schöne Zeiten, und es deutet alles darauf hin, daß das Band zwischen den beiden, in guten wie in schlechten Zeiten, stark und haltbar gewesen ist.

Gewiß – äußerlich betrachtet konnte sie durchaus puppenhaft wirken, vor allem wegen des im Laufe der Jahre immer maskenhafter werdenden Lächelns. Aber sie war auch warmherzig und hochintelligent, ironisch, witzig, schnell zu Scherzen aufgelegt, manchmal von beißendem Spott. Trotz des traditionellen Bildes von ihr war sie in vielerlei Hinsicht eine unabhängige, moderne Frau. Vor allem ihr leidenschaftlicher und zugleich höchst effektiver Einsatz für die Hirnverletzten bewies unbestreitbar ihren persönlichen Rang. Es kann keinen Zweifel daran geben: Wäre sie zwanzig Jahre später geboren, dann hätte sie jederzeit eine Firma leiten, eine erfolgreiche Architektin oder Ingenieurin werden können, was sie ja für sich erhofft hatte.

Die Menschen passen selten in die Schubladen, die angeblich für sie bestimmt sind; Hannelore Kohl war da keine Ausnahme. Im Laufe der Jahrhunderte hat es viele Frauen gegeben, die die Zwangsjacke, in die sie von der Gesellschaft gesteckt wurden, überwanden, und auch sie meisterte ihr Leben virtuos. Die abgegriffene Hochzeitsplatitüde ist selten so wahr gewesen – Helmut Kohl kann sich ungeheuer glücklich schätzen, mit ihr verheiratet gewesen zu sein.

Es ist bedauerlich, daß Hannelore Kohl im Tod wie im Leben dazu benutzt wird, Helmut Kohls Zwecken zu dienen. Der Konflikt zwischen Wahrnehmung und Wirklichkeit geht also weiter. Ihr Leben ebenso wie die großen Momente seines politischen Lebens müssen, soweit dies überhaupt möglich ist, von seinem Standpunkt und vom Standpunkt seiner Familie aus betrachtet werden, von keinem anderen. Dies hat zum Teil mit Helmut Kohls Wunsch zu tun – man könnte es schon fast eine Obsession nennen –, genau zu kontrollieren, wie er in die Geschichte eingeht, und dieses Bild eifersüchtig vor jenen zu hüten, welche die Dinge anders sehen. Zum Teil verbirgt sich dahinter auch die Tatsache – die zum Zeitpunkt dieser Niederschrift sehr deutlich wurde –, daß Hannelore Kohl zu einem Schlüsselelement in den Bemühungen ihres Mannes geworden ist, sich nach Ende der Spendenaffäre zu rehabilitieren. Niemand zweifelt daran, daß Helmut Kohl wirklich um seine Frau trauert, aber er wäre nicht der Politiker, der er ist, wenn er nicht die Macht des Mitleidsbonus erkennen würde, um die Gunst der Öffentlichkeit zurückzuerlangen. Zum dritten – und dies mag paradox klingen – braucht Kohl seine Feinde. Angriffe wie ein kontroverser Artikel im »Stern« über den Tod seiner Frau, verstärken nur noch den Mitleidsbonus bei der Öffentlichkeit, die ihn interessiert. Doch selbst jene, die, wie die Autorin dieses Buches, sich um ein faires und unvoreingenommenes Bild der Ereignisse bemühen, sind bereits Gegner. Für ihn ist das einzige faire Bild sein eigenes.

Wie wahr dies ist, sollte ich gleich zu Beginn meiner Arbeit an diesem Buch erkennen. Als ich erste Kontakte zu Personen knüpfte, die Hannelore Kohl kannten, bevor ich ihren Gatten offiziell um seine Hilfe bat – es war noch zu kurz nach ihrem Tod, und ich war mir meiner Herangehensweise nicht sicher –, wurde mir von dritter Seite mitgeteilt, daß die Familie selbst nicht mit mir kooperieren wolle. Nicht nur das: Mit der Begründung, selbst ein Buch über sie verfassen zu wollen, baten sie alle ihre Vertrauenspersonen, mit niemandem sonst über Hannelore Kohl zu sprechen. Ein schriftlicher Appell änderte daran nichts. Das Sprechverbot betraf keineswegs nur ihr Privatleben, was ja noch verständlich gewesen wäre, sondern auch ihr öffentliches Wirken – ich sollte nicht einmal mit ihrer Wohltätigkeitsorganisation sprechen dürfen. Im Laufe der Zeit dehnte sich dieses merkwürdige Sprechverbot immer weiter aus – Personen, die eingewilligt hatten, sich mit mir zu treffen, fanden plötzlich die unglaubwürdigsten Ausreden, warum sie mir unter gar keinen Umständen jemals etwas über diese Frau sagen könnten. Ich mag mich irren, doch die plötzliche Unfreundlichkeit von ein oder zwei normalerweise sehr höflichen Personen schien darauf hinzudeuten, daß hinter den Kulissen Gift gestreut worden war.

Ich bin nicht die einzige unabhängige Journalistin, die bei dem Versuch, eine tiefer gehende Betrachtung im Umfeld Helmut Kohls anzustellen, auf dieses beunruhigende Schweigen stößt. Beunruhigend vor allem deshalb, weil ein Mann, der sich selbst als Historiker sieht, sich darum bemüht, die Geschichte nach seinen eigenen Ansichten zu verändern und dabei unverzeihlicherweise anderen die Möglichkeit nimmt, sich ein eigenes Bild zu machen. Ebenso beunruhigend ist es, aus erster Hand mitzuerleben, wie leicht und unkritisch die Menschen – selbst Personen, die nicht von ihm abhängig sind und über seine Frau nur Gutes zu sagen wußten – sich seinem Willen beugten. Glücklicherweise gab es auch andere Menschen, glücklicherweise gelang es mir, die Mauer des Schweigens da und dort zu durchbrechen. Immerhin konnte ich so ein Mosaik an Eindrücken zusammensetzen. Sollten in dem Porträt dieser bemerkenswerten Frau einzelne Steinchen fehlen, so ist dies allein Helmut Kohl zuzuschreiben.

Bei diesem Porträt könnte es sich um eines der letzten seiner Art handeln. Jede Kanzlergattin ist, ebenso wie jeder Kanzler, anders als ihre Vorgängerin und geht ihre Rolle auch anders an. Doch da sich die Gesellschaft ändert, könnte sich auch diese Rolle insgesamt verändern. Immer seltener sind Frauen bereit, sich mit der Einsamkeit und der Selbstverleugnung abzufinden, die aus einer traditionellen Politikerehe erwachsen. Christa Müller, gelernte Volkwirtschafterin, deren Berufskarriere nach der Heirat mit Oskar Lafontaine endete, hat prophezeit, daß es für Politiker immer schwieriger werden wird, eine Frau auf Dauer an sich zu binden. »Frauen werden diesen Zirkus nicht lebenslänglich mitmachen.« Vielleicht wird man es eines Tages auch ungeheuerlich finden, von jemandem zu erwarten, daß sie (oder er?) automatisch den Beruf aufgibt, nur um zu lächeln, Hände zu schütteln, kleine Reden zu halten und Blumensträuße entgegenzunehmen. Vielleicht wird diese Rolle niemals ganz verschwinden, sondern nur auf ein Minimum reduziert werden, wie bei den Frauen vieler östlicher Herrscher zu kommunistischen Zeiten. Oder wie bei Cherie

Blair, der Frau des britischen Premierministers Tony Blair, die ihrem Beruf als Richterin weiter unter ihrem Mädchennamen nachgeht und eine eigene politische Existenz hat. Ganz gewiß werden Hannelore Kohls doch recht extrem ausgebildete Tugenden der Hingabe an Pflichterfüllung, Selbstdisziplin und Selbstverleugnung, die für sich genommen ausgezeichnete Charaktereigenschaften darstellen, eines Tages schlichtweg überflüssig.

Hannelore Kohls Leben zeugt von nahezu siebzig Jahren deutscher Geschichte. Dieses Leben reicht wie ein roter Faden von den politischen Neigungen ihrer Eltern und deren Generation, durch die Verwüstungen, das Trauma, die Flucht und das Leid, das diese über sie, ihr Land und ihre Tochter gebracht hatten, durch die Jahre des Wiederaufbaus, in denen ihr dynamischer, ehrgeiziger Gatte seine Spuren hinterließ, bis hin zu der intimen Rolle während der bisher längsten Kanzlerschaft. Ihr Leben und das ihrer Familie war stets von Terrorismus bedroht, sie litten unter den scharfen Konflikten, die der Charakter ihres Mannes auslöste, doch sie hielt unerbittlich an dem Willen fest, ihre neue deutsche Heimat mit dem verlorenen Land ihrer Kindheit zu vereinigen, freute sich dann, als es soweit war, und sie machte auch in der betäubend stagnierenden Zeit seiner letzten Amtsjahre mutig weiter, trotz ihrer gesundheitlichen Probleme. Als Helmut Kohl, der vielgerühmte ehemalige Staatsmann, von seinem Podest heruntergeholt wurde, da war sein Fall für sie eine Tragödie.

Das Bonner Regierungsviertel, das ihren Arbeitsplatz beherbergte, liegt nun verlassen da, an Bäumen hängen Angebote von Häusern, die zum Verkauf stehen oder zu mieten sind, Laub weht durch die halbverlassenen Straßen. In der

Nähe entstehen neue Gebäude, neue Bewohner ziehen in die Stadt. Schon bald wird die einzigartige Atmosphäre dieser stillen, kleinen Hauptstadt, der Mittelpunkt jener Bundesrepublik, die ihr Mann so lange beherrschte, nur noch eine vage Erinnerung sein. Die Blumen auf ihrem Grab in Ludwigshafen sind verblüht. Langsam und unausweichlich verwandelt sich ihr Leben in Geschichte. Doch es ist wert, sich daran zu erinnern, denn es war auch Teil unseres Lebens.

Bildnachweis

1. Foto privat, zur Verfügung gestellt von Erika Naumann, geb. Eckert
2. Foto privat, zur Verfügung gestellt von Erika Naumann, geb. Eckert
3. Foto privat, zur Verfügung gestellt von Gertrud Landbeck, geb. Bardens
4. dpa / Süddeutscher Verlag Bilderdienst
5. Erhard Rogge / Ullstein Bilderdienst
6. dpa / Süddeutscher Verlag Bilderdienst
7. dpa – Rehm / Süddeutscher Verlag Bilderdienst
8. dpa / Ullstein Bilderdienst
9. dpa Bratke / Süddeutscher Verlag Bilderdienst
10. Wedopress / Ullstein Bilderdienst
11. imo / Süddeutscher Verlag Bilderdienst
12. AP / Süddeutscher Verlag Bilderdienst
13. Werek / Süddeutscher Verlag Bilderdienst
14. Teutopress / Süddeutscher Verlag Bilderdienst
15. Snowdon / Picture Press
16. J. H. Darchinger
17. dpa / Süddeutscher Verlag Bilderdienst
18. J. H. Darchinger
19. J. H. Darchinger
20. Tschauner / dpa
21. dpa – Bildarchiv
22. Guillot / dpa
23. Werner Baum / dpa
24. J. H. Darchinger
25. Ehrenberg / UllsteinBilderdienst
26. Laurence Chaperon – Agentur Las / Ullstein Bilderdienst
27. Boris Roessler / dpa
28. Klaus Landry / dpa